（单元一）

测验一

日期：_____　　　　　成绩：_____ /110

（一）辨字测验（10题 10分）

从括号中选出适当的字，以完成句子的意思，然后把代表它的数目字填写在右边的括号内。

1. 我国地理位（①值 ②直 ③置 ④植）优越，适合发展做港口。　　　　　　　　　　　　　　　　　　（　　）

2. 一个有修养的人，行为不应该那么（①粗 ②祖 ③组 ④租）野。　　　　　　　　　　　　　　　　　　（　　）

3. 海水从船底上的（①列 ②烈 ③例 ④裂）口涌进来。
　　　　　　　　　　　　　　　　　　　　　　　（　　）

4. 你有困难，我会助你一（①避 ②臂 ③壁 ④僻）之力。
　　　　　　　　　　　　　　　　　　　　　　　（　　）

5. 我校乒乓队夺得全国冠军，为校（①赠 ②增 ③憎 ④曾）光。　　　　　　　　　　　　　　　　　　　（　　）

6. 为了我们之间的友（①宜 ②谊 ③仪 ④议），还是别争吵了。　　　　　　　　　　　　　　　　　　　（　　）

7. 他因为求（①胜 ②盛 ③圣 ④乘）心切，所以杀球时不时犯错。　　　　　　　　　　　　　　　　　　（　　）

8. 他驾车（①抄 ②钞 ③召 ④超）速，所以被罚款。
（　）

9. 哥哥参加联络所的活动，（①节 ②接 ③结 ④洁）交了许多朋友。
（　）

10. 他太自（①付 ②负 ③复 ④服）了，简直不把别人放在眼里。
（　）

(二) 词语选择（10题 10分）
　　选出最适当的词语，以完成句子的意思，然后把代表它的数目字填写在右边的括号内。

11. 警察看到那两个人鬼鬼祟祟，便暗中＿＿＿＿他们。
　　(1) 监视　(2) 巡视　(3) 考查　(4) 督促　　　（　）

12. 参赛的队伍都非常强，所以竞争十分＿＿＿＿。
　　(1) 猛烈　(2) 热烈　(3) 强烈　(4) 激烈　　　（　）

13. 弟弟看到哥哥考得好，也＿＿＿＿，要争取好成绩。
　　(1) 不甘示弱　　　(2) 得寸进尺
　　(3) 不劳而获　　　(4) 画蛇添足　　　　　　（　）

14. 他提出的建议虽然好，但＿＿＿＿起来可不容易。
　　(1) 实际　(2) 现实　(3) 实行　(4) 展现　　　（　）

15. 表哥要把身体＿＿＿＿好，将来才能保家卫国。
　　(1) 受训　(2) 锻炼　(3) 结实　(4) 训练　　　（　）

FEDERAL TEST PAPERS

CHINESE LANGUAGE FOR PRIMARY 6

华文测验（小六）

华岩

根据最新华文课程标准评鉴指引编写

© 2000 Times Media Private Limited
A member of the Times Publishing Group
Times Centre, 1 New Industrial Road, Singapore 536196
E-mail: fps@corp.tpl.com.sg
Online Book Store: http://www.timesone.com.sg/fpl

2000 年初版

版权所有，不准以任何方式，
在世界任何地区，以中文或任何文字，
作全部或局部之翻印、仿制或转载。

ISBN 981 01 6136 0

Printed by Chung Printing

FEDERAL PUBLICATIONS
An imprint of Times Media

目录

测验一 1
    一、辨字测验   二、词语选择   三、词义选择   四、句子选择
    五、选词填充   六、理解测验   七、填写汉字   八、词语搭配
    九、完成句子   十、短文填充   十一、理解问答

测验二 15
    一、辨字测验   二、词语选择   三、词义选择   四、句子选择
    五、选词填充   六、理解测验   七、填写汉字   八、词语搭配
    九、完成句子   十、短文填充   十一、理解问答

测验三 30
    一、辨字测验   二、词语选择   三、词义选择   四、句子选择
    五、选词填充   六、理解测验   七、填写汉字   八、词语搭配
    九、完成句子   十、短文填充   十一、理解问答

测验四 44
    一、辨字测验   二、词语选择   三、词义选择   四、句子选择
    五、选词填充   六、理解测验   七、填写汉字   八、词语搭配
    九、完成句子   十、短文填充   十一、理解问答

测验五 58
    一、辨字测验   二、词语选择   三、词义选择   四、句子选择
    五、选词填充   六、理解测验   七、填写汉字   八、词语搭配
    九、完成句子   十、短文填充   十一、理解问答

测验六 72
    一、辨字测验   二、词语选择   三、词义选择   四、句子选择
    五、选词填充   六、理解测验   七、填写汉字   八、词语搭配
    九、完成句子   十、短文填充   十一、理解问答

测验七 86
    一、辨字测验   二、词语选择   三、词义选择   四、句子选择
    五、选词填充   六、理解测验   七、填写汉字   八、词语搭配
    九、完成句子   十、短文填充   十一、理解问答

测验八 101
    一、辨字测验   二、词语选择   三、词义选择   四、句子选择
    五、选词填充   六、理解测验   七、填写汉字   八、词语搭配
    九、完成句子   十、短文填充   十一、理解问答

答案 115

16. 烟火在夜空 ＿＿＿＿ 成一幅美丽的图画。
    (1) 构造   (2) 交织   (3) 创造   (4) 交替   （   ）

17. 他 ＿＿＿＿ 向前冲，是为了夺取冠军。
    (1) 费力   (2) 活力   (3) 奋力   (4) 实力   （   ）

18. 人民富裕以后，便开始 ＿＿＿＿ 房子的布置。
    (1) 讲究   (2) 探测   (3) 追究   (4) 推测   （   ）

19. 张先生谈吐大方，是位很有 ＿＿＿＿ 的学者。
    (1) 保养   (2) 养育   (3) 教育   (4) 修养   （   ）

20. 科学家发明各种有用的东西，对人类的 ＿＿＿＿ 很大。
    (1) 贡献   (2) 成就   (3) 供给   (4) 光荣   （   ）

（三）词义选择（10题 10分）

从所提供的四个选择中，选出与句子中画线词语意义最接近的一个，然后把代表它的数目字填写在右边的括号内。

21. 那位<u>大公无私</u>的警长把犯法的儿子控上法庭。
    (1) 尽心为大家做事   (2) 公正没私心
    (3) 对人态度大方   (4) 严肃不开玩笑   （   ）

22. 那个嫌犯的行为受到警方<u>限制</u>。
    (1) 阻止人犯法   (2) 强制管理
    (3) 规定范围   (4) 严格管教   （   ）

23. 他为人谦虚，不喜欢向人炫耀。
    (1) 不骄傲　　　　　　(2) 胆子小
    (3) 不粗鲁　　　　　　(4) 很怕羞　　　　　　（　）

24. 你再食言，就没有人会相信你了。
    (1) 失职　(2) 偷懒　(3) 贪心　(4) 失信　　　　（　）

25. 耀眼的阳光照得我睁不开眼睛。
    (1) 光线强烈　　　　　(2) 引人注意
    (3) 五颜六色　　　　　(4) 设计奇特　　　　　（　）

26. 这些仪器十分复杂，普通技工不会修理。
    (1) 初级　(2) 许多　(3) 所有　(4) 一般　　　　（　）

27. 你何必为了一点小事而暴跳如雷呢？
    (1) 十分生气　　　　　(2) 不停跳动
    (3) 非常灰心　　　　　(4) 样子激动　　　　　（　）

28. 那辆汽车排出的废气把空气给污染了。
    (1) 阻挡视觉　　　　　(2) 传染疾病
    (3) 使变脏变质　　　　(4) 失去作用　　　　　（　）

29. 敌人一旦来侵犯，我们一定要团结起来抗敌。
    (1) 将来　　　　　　　(2) 有一天
    (3) 只要　　　　　　　(4) 长时间　　　　　　（　）

30. 他经常暴饮暴食，结果伤了肠胃。
    (1) 忘记进食　　　　　(2) 浪费食物
    (3) 过分吃喝　　　　　(4) 随便饮食　　　　　（　）

(四) 句子选择（10题10分）
　　从所提供的答案中，选出最合理的一个，然后把代表它的数目字填写在右边的括号内。

31. 适宜
　　(1) 为了大家的安全，同学们适宜利用斑马线过马路。
　　(2) 爸爸正在学电脑，以便适宜工作的需要。
　　(3) 这双鞋子的价钱适宜，难怪小明会买。
　　(4) 葡萄是温带水果，热带地方不适宜栽种。　　（　）

32. 发挥
　　(1) 他坦白地发挥自己的意见，并征求大家支持。
　　(2) 在这场竞赛中，同学们发挥了合作的精神。
　　(3) 我要发挥图强，做个有用的人。
　　(4) 政府积极发挥体育运动，增强人民体质。　　（　）

33. 恐慌
　　(1) 那些被困在火场里的人恐慌地喊了起来。
　　(2) 你这样蛮干，恐慌效果不好。
　　(3) 你上台讲话时，别恐慌，态度要自然一些。
　　(4) 听到爷爷病重，全家都恐慌极了。　　（　）

34. 损失
　　(1) 那个人越走越远，慢慢损失在夜色中。
　　(2) 他因为车祸，而损失了工作的力量。
　　(3) 那场火患造成的损失十分严重。
　　(4) 他多次犯规，损失了比赛的资格。　　（　）

35. 免得
    (1) 我们应该做好准备，免得临时手忙脚乱。
    (2) 明天是公定假期，同学们都免得上学。
    (3) 儿童节那天，同学们都可以免得一分礼物。
    (4) 小强虽然有些缺点，但免得还是好学生。（   ）

36. 超越
    (1) 我们用全力一跳，便超越那条水沟。
    (2) 他们骑着骆驼，超越了广大的沙漠。
    (3) 鲁迅在文学创作方面，取得了超越的成就。
    (4) 他虽然天资不高，但是只要肯努力学习，一定能超越别人。（   ）

37. 高明
    (1) 这部小说塑造了那位英雄高明的形象。
    (2) 李医生凭着高明的医术，医治了很多病人。
    (3) 他们两人的文章写得一样好，很难分出高明。
    (4) 他高明的品质，深深地教育了我们。（   ）

38. 良好
    (1) 他们的感情良好，从不争吵。
    (2) 张阿姨心地良好，从不做坏事。
    (3) 小强翻身跳过横杆，姿势十分良好。
    (4) 妈妈要我从小就培养良好的卫生习惯。（   ）

39. 正确
    (1) 你来得正确，我们刚要去找你。
    (2) 月球上没有生命，已经得到正确了。
    (3) 你的方向不正确，当然走不到目的地。
    (4) 我记得很清楚，他正确答应了我们的要求。（   ）

40. 举止
   (1) 他举止大方，谈吐温文有礼。
   (2) 他做了一个手势，举止他继续说下去。
   (3) 他太累了，躺在地上毫无举止。
   (4) 兵士们暗中探听敌军的举止。   （　）

（五）选词填充（8题8分）
　　根据短文的意思，把括号中最适当的词语圈出来。

　　河马不是马，而是牛的家族；41.（①简直 ②如果 ③正如 ④仿佛）犀牛不是牛，而是属于马的同宗一样。这是因为河马和牛、猪一样，每只脚有四个脚趾，重心在三、四脚趾42.（①之间 ②分隔 ③距离 ④重点）；而马和犀牛却只有奇数的脚趾，重心在第三脚趾上。

　　将河马43.（①养育 ②培养 ③栽培 ④饲养）在动物园里供人们观看，绝不是因为它美得可爱，相反的是它的44.（①榜样 ②情形 ③形状 ④模样）古怪而有趣。

　　它的身体很笨重，重达三四吨；短而粗的腿，费力地45.（①主持 ②支撑 ③支付 ④正直）着它那笨重的身体；脑袋大得出奇，足足有几百斤重。

　　别看它那么笨重，它可是游泳的能手，它46.（①只要 ②除非 ③除了 ④与其）晚上上岸睡觉外，大部分时间都47.（①生长 ②生活 ③生命 ④生存）在水里，连进食、生小河马也在水里。如果上岸久了，河马的皮肤会排出一种油脂性，像红色血液一样的"汗"，而且浑身上下到处都流着，不知道的人还48.（①作为 ②主张 ③以为 ④认为）它受了伤呢！

（六）理解测验（7题7分）
　　根据短文的内容，选出最适当的答案，然后把代表它的数目字填写在括号里。

　　书包太重不只是新加坡学生面对的问题，法国和印度最近都提出类似的问题。

　　书包太重几度成为新加坡家长的热门话题，教育部也非常重视，甚至成立工作改进小组，研究解决问题的方法。

　　根据调查，新加坡小三学生的书包重量重达十一公斤。有些学生喜欢带一些不必要的物品到学校，例如大盒的颜色笔、玩具、甚至闹钟。

　　工作小组经过研究后，提出以下一些建议来解决书包超重的问题。

- 增设储物橱以减轻书包的重量；
- 使用质地较轻的纸张，以缩减课本的厚度；
- 印刷小学课本或作业时，尽量分成两本到四本；
- 由教师先保留习题簿，分单元交还给学生完成；
- 让学生把美术簿和作业留在学校里；
- 鼓励学生使用改良的轻便书包。

　　除了采用教育部建议的解决方法外，班主任也教导学生如何根据需要整理书包。教师在功课表上注明课程详情，让学生知道必须带哪些课本。同时，老师也随时作突击检查，以确保学生天天整理书包。

　　从去年开始，我国一些学生改用手拉式书包，只须单手托着装有轮子的书包，就能"一身轻"地上学去了。

49. 文中第 2 行 "类似的问题", 指什么问题?
    (1) 这是指法国和印度学生的书包也很重。
    (2) 这是指法国和印度解决了书包的问题。
    (3) 这是指法国和印度会出现新问题。
    (4) 这是指法国和印度关心我国学生。　　　　　　（　）

50. 教育部成立工作改进小组的目的是
    (1) 参加讨论家长的热门话题。
    (2) 表示重视学生遇到的难题。
    (3) 解决学生书包过重的问题。
    (4) 调查学生书包的重量。　　　　　　　　　　（　）

51. 造成小三学生书包过重的原因是
    (1) 他们都使用重达十一公斤的书包。
    (2) 他们从来不整理自己的书包。
    (3) 他们经常要上图工或美术课。
    (4) 他们把一些不需要的东西也带去学校。　　　（　）

52. 书商怎样帮助学生解决书包太重的问题?
    (1) 他们将科目分门别类。
    (2) 他们使用较轻的纸印刷。
    (3) 他们让老师保留习题簿。
    (4) 他们向教育部提出建议。　　　　　　　　　（　）

53. 学校增设储物橱的目的是
    (1) 让学生把一些东西放在学校里。
    (2) 让学生放置书包, 别把书包背回家。
    (3) 提醒学生减轻书包的重量。
    (4) 使学生学会怎样整理书包。　　　　　　　　（　）

54. 老师突击检查学生的书包，有什么作用？
    (1) 让学生明白书包太重，会加重他们的负担。
    (2) 使学生采用较轻的书包来上学。
    (3) 让学生准时交作业，减轻书包的重量。
    (4) 使学生经常整理书包，不带没用的东西来上学。
    （   ）

55. 手拉式书包的优点是
    (1) 能盛放的东西比较多。
    (2) 可以安全地去上学。
    (3) 方便，不必背重书包。
    (4) 可安装轮子，收藏方便。
    （   ）

（七）填写汉字（5题10分）
　　根据括号中的汉语拼音，把句中所缺的字填写在横线上。

56. 不远处传来 _____（hōng）然一声巨响，原来是煤气炉爆炸了。

57. 小胖跑得太慢，被远远 _____（pāo）在后头。

58. 这些奖 _____（pái）都是用血汗换来的。

59. 我从小就养成饭后 _____（shù）口的好习惯。

60. 受过训练后，才能正式当裁 _____（pàn）。

（八）词语配搭（5题5分）

从所提供的词语中，选出可以和下列各题搭配成短语的，然后把代表答案的数目字填写在括号内。

| (1) 计算 | (2) 疲劳 | (3) 光辉 | (4) 志愿 |
| (5) 记录 | (6) 意志 | (7) 传播 | (8) 社会 |

61. 创下（　　）　　　　62. 消除（　　）

63. 文明（　　）　　　　64.（　　）疾病

65.（　　）坚强

（九）完成句子（5题15分）

根据所提供的短语或短句，完成句子的意思。

66. 队员们配合得好，_____。

67. 除非你拿出证据，_____。

68. _____，心里十分苦恼。

69. _____，真令人反感。

70. _____，大家都向他祝贺。

11

（十）短文填充（10题10分）

从所提供的词语中，选出短文所缺的词语，然后把代表答案的数字（1－15）填写在右边的括号内。

(1) 控制	(2) 风气	(3) 鼓励
(4) 决心	(5) 恐怕	(6) 创造
(7) 威风	(8) 鼓舞	(9) 难道
(10) 只要	(11) 克服	(12) 的确
(13) 出息	(14) 哑口无言	(15) 腰酸背痛

假期，爸爸买了一辆新的脚踏车，深蓝色的车架，银亮的车把，多漂亮。哥哥骑着它多（71）啊！ 71.（　）

爸爸拍拍我的肩膀说："小琴，你也学骑车吧。"我说："我怕……"没等我说完，爸爸就说："怕跌伤，是不是？真没（72）！"当时我几乎要哭出来，但想想，（73）我真的这样没用吗？不，我要下（74）学会骑脚踏车。 72.（　） 73.（　） 74.（　）

第二天，爸爸便教我学骑脚踏车。我坐上车，爸爸在后面扶，可是他的手一放，车子就失去（75），还摇来摆去，我从车上摔了下来，爸爸（76）我说："别怕，你一定能学会的。"我壮着胆子，继续练习，才练了半小时，就满头大汗，觉得（77）了。经过半个多月的练习，我终于（78）了困难，学会骑脚踏车了。 75.（　） 76.（　） 77.（　） 78.（　）

爸爸说："怎么样？世上无难事，（79）有决心，不怕困难，什么事都能成功。" 79.（　）

是的，爸爸的话（80）有道理，我学会了骑脚踏车，不就是一个很好的例子吗？ 80.（　）

（十一）理解问答（5题15分）
根据短文的内容，回答问题。

托尔斯泰爷爷是俄国一位著名的作家。他爱好写作，又喜欢运动，把身体锻炼得很结实。他不但经常参加体育活动，还要求孩子们这样做，骑马、滑雪、打球……孩子们同他在一起，都觉得非常快乐。

一天傍晚，夕阳的微光照进宽敞（chǎng）的屋子里，孩子们正坐在大桌子周围做功课，托尔斯泰爷爷也在写作。过了好久，大家都感到有些疲倦了。玛沙想到院子里去打棒球，但是外面下过雨，地面上又滑又湿，所以他只好没精打采地坐在屋子里发呆。

这时，托尔斯泰放下笔，看了看大伙无精打采的样子，又望望湿漉（lù）漉的院子，接着站起来，围着大桌子跑步。他跑得很轻，立刻吸引了孩子们。于是，大伙都模仿他的样子，跟着他跑了起来。跑啊，跑啊，就像一个圆圈绕着桌子旋转。

当大家停下脚步气喘呼呼回到座位上时，都觉得浑身热乎乎的，疲倦消失了，精神也振作起来了。

后来，有一个身材壮实的外地青年前来看望托尔斯泰。他在院子里的双杠上运动一番，对托尔斯泰说："你的写作水平虽然很高，但体育方面就比不上我啦！"不料，托尔斯泰脱去大衣，一跃（yuè）而上，在双杠上表演了几个优美的动作。那青年大吃一惊，孩子们也高兴地拍起手来。

81. 运动给托尔斯泰带来什么好处？

82. 玛沙为什么感到失望？

83. 孩子们为什么跟着托尔斯泰跑步？

84. 孩子们跑步前和跑步后有什么不同？

85. 哪些事使那个青年吃了一惊？

（单元二）

测验二

日期：_____　　　　　　成绩：_____ /110

（一）辨字测验（10题10分）
　　从括号中选出适当的字，以完成句子的意思，然后把代表它的数目字填写在右边的括号内。

1. 兵士们冒着敌人的（①泡　②炮　③袍　④胞）火前进。
（　　）

2. 在我国，贩毒者都会被判死（①行　②型　③形　④刑）。
（　　）

3. 马来西亚高温多雨，适合栽种橡（①胶　②较　③效　④郊）。
（　　）

4. 他为了救人，（①竞　②竟　③境　④镜）然连死都不怕。
（　　）

5. 我们要努力充实自己，以迈向二十一世（①记　②计　③纪　④季）。
（　　）

6. 老一（①背　②倍　③辈　④悲）努力建设，我国才有今日的繁荣。
（　　）

7. 他只是懒了一些，其实一点也不（①愚　②娱　③愉　④宜）笨。
（　　）

15

8. 你数数看这本记事簿到底有多少（①业 ②叶 ③夜 ④页）。 （ ）

9. 岳飞文武双全，是位（①志 ②智 ③治 ④质）勇双全的将军。 （ ）

10. （①捷 ②接 ③劫 ④杰）匪抢了钱后，便逃得无影无踪。 （ ）

（二）词语选择（10题10分）

选出最适当的词语，以完成句子的意思，然后把代表它的数目字填写在右边的括号内。

11. 那个国家发生饥荒，人民过着_____的生活。
　　(1) 同情　(2) 悲惨　(3) 苦闷　(4) 悲壮　　　　（ ）

12. 他的立场_____，谁也动摇不了。
　　(1) 坚持　(2) 坚固　(3) 坚定　(4) 坚硬　　　　（ ）

13. 屠妖节期间，小印度一带到处是_____的灯饰。
　　(1) 光明　(2) 炫耀　(3) 目光　(4) 耀眼　　　　（ ）

14. 刚吃饱就去跑步会_____不良的。
　　(1) 消化　(2) 吸引　(3) 感化　(4) 反应　　　　（ ）

15. 他到处_____谣言，破坏别人的名声。
　　(1) 传染　(2) 散播　(3) 传送　(4) 散发　　　　（ ）

16. 请你说清楚 _____ 是怎么一回事。
    (1) 究竟 (2) 结束 (3) 毕竟 (4) 后果   ( )

17. 他靠双手和头脑 _____ 了美好的生活。
    (1) 创作 (2) 创立 (3) 创造 (4) 创业   ( )

18. 那几个小顽皮，趁妈妈不在，把家里闹得 _____。
    (1) 天翻地覆   (2) 自暴自弃
    (3) 横冲直撞   (4) 打草惊蛇   ( )

19. 房子一点儿 _____ 也没有，可能没人在家里。
    (1) 动机 (2) 动作 (3) 动荡 (4) 动静   ( )

20. 交通灯失灵后，警察马上来 _____ 交通。
    (1) 指点 (2) 指挥 (3) 指望 (4) 指导   ( )

（三）词义选择（10题10分）

从所提供的四个选择中，选出与句子中画线词语意义最接近的一个，然后把代表它的数目字填写在右边的括号内。

21. 兵士们在战场上<u>视死如归</u>地英勇杀敌。
    (1) 勇敢、不怕死   (2) 目标正确
    (3) 合作、不争功劳   (4) 斗志很高   ( )

22. 他们设法找些东西来<u>充饥</u>。
    (1) 收藏起来   (2) 救济别人
    (3) 填饥肚子   (4) 增强体力   ( )

17

23. 甲国侵略乙国的行动，受到各国的责骂。
    (1) 粗暴、无礼的行为
    (2) 占据他国的土地
    (3) 欺骗、不诚实的行为
    (4) 抢夺别人的钱财   ( )

24. 他受了那么多的打击，仍然那么坚强。
    (1) 特别 (2) 当然 (3) 其实 (4) 还是   ( )

25. 爱因斯坦是美国的顶尖科学家。
    (1) 杰出 (2) 刻苦 (3) 正式 (4) 精明   ( )

26. 他冷静地思考问题，以寻求解决的方法。
    (1) 深入地想   (2) 认真寻找
    (3) 准备资料   (4) 仔细观察   ( )

27. 凡是球类运动，哥哥都感兴趣。
    (1) 多数 (2) 有些 (3) 只有 (4) 所有   ( )

28. 他为了充实自己，决定到外国深造。
    (1) 旅游参观   (2) 体验生活
    (3) 进一步学习   (4) 参与工作   ( )

29. 他花了一个月的时间，几乎把书架上的书都看完了。
    (1) 已经 (2) 差不多 (3) 因此 (4) 不肯定   ( )

30. 强盗强迫他们交出身上的财物。
    (1) 用压力使人服从　　(2) 不停催促
    (3) 严厉地命令　　　　(4) 十分紧张　　　　　　（　）

（四）句子选择（10题 10分）
    从所提供的答案中，选出最合理的一个，然后把代表它的数目字填写在右边的括号内。

31. 诉说
    (1) 要是真有这回事，他们早就诉说开了。
    (2) 伯伯对我们诉说了他童年时所受的苦难。
    (3) 推销员耐心地向顾客诉说吸尘机的用途。
    (4) 李阿婶一碰到邻居便诉说自己儿子聪明能干。
                                                （　）

32. 坚决
    (1) 他们都不肯让步，互相坚决自己的立场。
    (2) 我军防守坚决，敌人是攻不到的。
    (3) 他遇到坚决的难题，还是能应付。
    (4) 无论路途多艰险，我们坚决要走完全程。　　（　）

33. 正直
    (1) 张叔叔为人正直，是个可靠的人。
    (2) 幼儿园的孩子个个活泼正直，聪明可爱。
    (3) 他的理解正直，完全明白老师的话。
    (4) 外面正直下着大雨，你还是别出门吧！　　　（　）

34. 介意

(1) 我把文章的介意，简略地写下来。

(2) 我刚才讲错话，你不会介意吧？

(3) 对于你的大恩大德，我深感介意。

(4) 他不是介意犯错，你就原谅他一次吧！　　（　）

35. 荒凉

(1) 他最近无心学习，把学业给荒凉了。

(2) 听了他的可怜遭遇，荒凉之感油然而生。

(3) 那个老人无依无靠，身世荒凉。

(4) 百多年前新加坡是个荒凉的小渔村，后来才发展成大商港。　　（　）

36. 落后

(1) 这些落后的生产工具已经不适合现代的需求了。

(2) 他的视力太差，当空军的希望落后了。

(3) 我先把这些重要的事解决，其他的落后处理。

(4) 轮船的速度比飞机落后，但运载量大。　　（　）

37. 掌握

(1) 爸爸掌握李叔叔的手，热情地向他问好。

(2) 他信心十足，看起来很有掌握能夺取冠军。

(3) 兵士掌握着步枪，尽快往山上冲去。

(4) 你要掌握先进的科学技术，才能当一名优良的技术人员。　　（　）

38. 自力更生

(1) 我们决定自力更生，凭自己的力量建设美丽的家园。
(2) 他动了手术之后，便自力更生活过来了。
(3) 他接受大家的劝告，决定自力更生改掉抽烟的恶习。
(4) 船沉没后，他们从死里自力更生，脱离了危险。

(　　)

39. 分辨

(1) 这些商品都清楚地分辨了价钱，不必讨价还价了。
(2) 你连方向也分辨不清，怎么能走到目的地？
(3) 大家要分辨了，心里不免有点依依不舍。
(4) 你批评人家，怎么不容人分辨。

(　　)

40. 克星

(1) 他们两人真是一对克星，一见面便吵个不停。
(2) 哥哥凭着高超的球艺，轻易打败了克星。
(3) 青蛙是这些害虫的克星，很快就把这些害虫消灭了。
(4) 张海是我们的克星，热心地帮我们解决难题。

(　　)

（五）选词填充（8题8分）

　　根据短文的意思，把括号中最适当的词语圈出来。

　　现代的小孩，功课压力大，又41.（①缺点 ②绝望 ③缺乏 ④抛弃）运动，每天放学回家，做完了功课，就躺在沙发上看电视。因为热量消耗少,结果身体42.(①渐渐 ②重重 ③静静 ④匆匆)发胖了。

另外,有很多父母因为工作43.(①慌张 ②急忙 ③沉重 ④忙碌),没时间煮饭,经常带小孩到快餐店去吃汉堡(bǎo)包、牛排、薯条。这些高热量、高脂肪的食物吃多了,加上不常运动,油脂会慢慢地44.(①保守 ②积存 ③寄放 ④收集)在体内,使人发胖。

同学们,如果你不想变成一个45.(①举动 ②举行 ③动静 ④态度)不便的大胖子,就应该减少看电视的时间,少吃油盐、糖分多的食物,常吃鱼类、豆类、水果和蔬菜。最重要的是有46.(①适应 ②适当 ③碰巧 ④分配)的运动,这样,你就会有47.(①强大 ②富强 ③粗重 ④结实)的身体,并且动作也比较48.(①灵感 ②敏捷 ③机智 ④冲动)了。

(六)理解测验(7题7分)

根据短文的内容,选出最适当的答案,然后把代表它的数目字填写在括号里。

一天,曹冲在玩耍时,忽然看见管兵器库的老伯正要上吊。他连忙上前阻止,问老伯为什么要寻死。

老伯叹了口气说:"你看,曹丞相的马鞍(ān)被老鼠咬破了。传说,马鞍被老鼠咬破了,骑马人就会战死在沙场。我没有管好它,你父亲一定会把我处死的。"

曹冲想了想，说："你等我们全家吃晚饭的时候，到饭厅来求我父亲吧！他可能不会杀你。"

曹冲回到家里，从衣箱里取出一件衣服，他先用剪刀在衣服上剪了几个小孔，再把小孔四周的线脚剔（tī）得像老鼠咬过一样。

吃饭时间到了，曹操没看见曹冲来吃饭，就叫曹冲的母亲去找他。曹冲躲在房里装作很害怕的样子，呜呜地哭着，一边说："老鼠咬破了我的衣服，这是凶兆，看来我就要死了！"

这时，曹操也来了，问明原由，大笑道："这是迷信，聪明的孩子不要放在心里！"曹冲听了，才擦干眼泪，随父母到饭厅去吃饭。

过了一会儿，管兵器库的老伯反绑着双手，来到饭厅，扑通跪下说："相爷，你把我处死吧！因为我没有尽职，才会让相爷的马鞍被老鼠咬了。"

曹操听了，笑道："得了，我儿子的衣服放在箱子里，还让老鼠咬了，何况是挂着的马鞍，你没有罪，去吧！"

老伯谢过丞相不杀之恩，抬头朝上望去，见曹冲正向他挤眉弄眼，偷偷地笑呢！

49. 曹冲阻止老伯做什么事？

　　(1) 他阻止老伯见曹操。
　　(2) 他不让老伯看守兵器库。
　　(3) 他阻止老伯逃跑。
　　(4) 他不让老伯自杀。　　　　　　　　　　（　　）

50. 老伯之所以会寻死，是因为
    (1) 他担心被处死。
    (2) 他怕曹操会战死沙场。
    (3) 他没尽职做好工作。
    (4) 他知道曹操很喜欢这个马鞍。　　　　　　　（　）

51. 曹冲在衣服上剪洞，真正的目的是
    (1) 要装出害怕的样子。
    (2) 要父母来劝他吃饭。
    (3) 要救那个可怜的老伯。
    (4) 要使父亲不再迷信。　　　　　　　　　　　（　）

52. 文中的"凶兆"，意思是什么？
    (1) 发生的事很难预料到。
    (2) 预先显露不吉利的事会发生。
    (3) 令人气恼和烦恼的事。
    (4) 不能解决的事。　　　　　　　　　　　　　（　）

53. 曹操怎样安慰曹冲？
    (1) 他吩咐儿子去吃饭。
    (2) 他答应不责怪曹冲。
    (3) 他劝曹冲别担心。
    (4) 他亲自问明原由。　　　　　　　　　　　　（　）

54. 曹操为什么没处罚老伯？
    (1) 因为他不再迷信了。
    (2) 因为老鼠咬坏东西难预防。
    (3) 因为他的心情好了。
    (4) 因为他明白老鼠十分可恶。　　　　　　　　（　）

55. 这篇文章主要的内容是
    (1) 反对迷信。
    (2) 写出老鼠的可恶。
    (3) 同情老伯可怜的遭遇。
    (4) 表扬曹冲机智救人。   （ ）

(七) 填写汉字（5题10分）
　　根据括号中的汉语拼音，把句中所缺的字填写在横线上。

56. 叔叔把 _____（gǎo）件交给出版社。

57. 眼镜蛇含有剧 _____（dú），千万别让它咬伤。

58. 这 _____（fú）人像画得十分传神。

59. _____（cháo）水把小船冲走了。

60. 铁 _____（bàng）能磨成绣花针，可见有志者事竟成。

(八) 词语配搭（5题5分）
　　从所提供的词语中，选出可以和下列各题搭配成短语的，然后把代表答案的数目字填写在括号内。

| (1) 评判 | (2) 倒流 | (3) 生长 | (4) 志愿 |
| (5) 批评 | (6) 黑白 | (7) 生活 | (8) 光明 |

61. 时光（ ）　　　　62. 担任（ ）

63. 远景（ ）　　　　64.（ ）分明

65.（ ）安定

（九）完成句子（5题5分）

根据所提供的短语或短句，完成句子的意思。

66. _____，人民才能安居乐业。

67. _____，所以要节省用水。

68. 他虽然体力比别人差，_____。

69. 只有无知者，_____。

70. 既然你不同意，_____。

（十）短文填充（10题10分）

从所提供的词语中，选出短文所缺的词语，然后把代表答案的数字（1－15）填写在右边的括号内。

(1) 欣赏	(2) 负责	(3) 华丽
(4) 固然	(5) 自卑	(6) 处置
(7) 平凡	(8) 埋藏	(9) 散发
(10) 艳丽	(11) 自负	(12) 刻薄
(13) 埋没	(14) 万紫千红	(15) 天真活泼

蝴蝶花生在草丛里，从紫色的花瓣里（71）淡淡的清香，吸引着蜜蜂、蝴蝶从远处飞来。　　71.（　）

蝴蝶花看看那些（72）的小草，觉得它一点也不显眼，更没有什么香味。蝴蝶花（73）　　72.（　）

　　73.（　）

地说："看来，我是百花之王，可惜（74）在这里，和这些小草在一起，我几时才有出头之日啊！"

不久，蝴蝶花被花匠发现了，花匠把它移植在一个（75）的花园里。它初到这里，看到数不尽的名花争奇斗艳，其中兰花、玫瑰开得十分（76）。蝴蝶一下子自卑起来了，它说："看来我是百花中最难看的，谁也不会来（77）我的！"

蝴蝶花正在暗自伤心的时候，一群（78）的孩子观看了兰花、玫瑰之后，来到蝴蝶花前面，赞美地说："多好看的蝴蝶花呀！"

蝴蝶花的心情平静了。它这才明白，过去自己在小草中间骄傲自大（79）不对，现在，在兰花、玫瑰中间也不应该感到（80）啊！

74.（　　）
75.（　　）
76.（　　）
77.（　　）
78.（　　）
79.（　　）
80.（　　）

（十一）理解问答（5题15分）

根据短文的内容，回答问题。

两千年前，中国就出现了把文字刻写在竹片或木片上的书。后来发明了纸，才有了用纸装订成的书。随着科技不断地发展，书籍的印刷也不断改进，从油印、石印、铅印，发展到影印及静电复印。

随着电子技术广泛应用，近年来，又出现了许多奇妙的书。

有一种给孩子们看的、能够发出香味的图画书，用手摸摸书上的水果或花朵，就可以闻到水果、花朵的香味。书上的"水果"、"花朵"都用带有不同香味的纸剪贴上去。孩子们摸它的时候，由于摩擦作用，书就能发出香味。

　　现在的书，不只品种繁多，书本的体积也越来越小。缩微胶卷就是其中的一种。它是用照相机把书的内容，缩拍到胶卷上去的，一般缩到原书大小的四十八分之一。使用的时候，通过阅读器可以把它放到原来的大小。人们把这种缩微书籍，叫做袖珍图书。其实这种缩微技术，早在十九世纪普法战争时就使用过了。当时法国情报人员，把一份三千多页的情报，缩拍在一张只有几寸长的胶片上，让信鸽带回法国。

　　缩微书的保存和使用都很方便，还可以节约纸张和印刷费。如果把一万本书缩小成胶片，只有十公斤左右。这样，一座收藏上万册缩微书的图书馆，可以装在手提箱里，一个人就可以拿走了。

81. 纸的发明对书的发展有什么影响？

82. 从哪儿可以看出印刷术不断地改进？

83. 书为什么会发出香味？这些书对孩子有什么帮助？

84. 试写出袖珍图书的优点。

85. 法国情报员怎样传送三千多页的情报？

(单元三)

测验三

日期：_____　　　　　成绩：_____/110

（一）辨字测验（10题10分）
从括号中选出适当的字，以完成句子的意思，然后把代表它的数目字填写在右边的括号内。

1. 妹妹不见了钱包，急得像热（①涡 ②锅 ③窝 ④蜗）上的蚂蚁。（　）

2. 到底是哪个没公德心的人经常在电梯里（①除 ②途 ③涂 ④余）鸦？（　）

3. 商家用大减价的方法来推（①消 ②悄 ③逍 ④销）产品。（　）

4. 他的腿扭伤了，还（①肿 ②种 ③钟 ④忠）了起来。（　）

5. 叔叔为了知道更多资讯，（①订 ②钉 ③盯 ④丁）了好几分报纸。（　）

6. 工人把那个土坑（①填 ②添 ③舔 ④甜）平了。（　）

7. 火山地带经常会发生地（①振 ②镇 ③阵 ④震）。（　）

8. 经过医生治（①瞭 ②潦 ③疗 ④辽）后，他的病有了起色。（　）

9. 他（①仁 ②忍 ③认 ④任）受不住打击，很想放弃学业。（　）

10. 那位英明的领袖受到大家的拥（①戴 ②待 ③袋 ④代）。（　）

（二）词语选择（10题 10分）
选出最适当的词语，以完成句子的意思，然后把代表它的数目字填写在右边的括号内。

11. 牛顿在一个 _____ 的机会下，发现地心吸力。
    (1) 固然　(2) 偶然　(3) 居然　(4) 突然　　　（　）

12. 你这样 _____ ，必然会犯错的。
    (1) 马虎　(2) 落后　(3) 从容　(4) 催促　　　（　）

13. 他在研究 _____ 中，遇到了许多困难。
    (1) 经历　(2) 行程　(3) 经验　(4) 过程　　　（　）

14. 对于这项活动，同学们的 _____ 良好。
    (1) 反映　(2) 反省　(3) 反应　(4) 反复　　　（　）

15. 我跑到山顶，不停喘气，呼吸 _____ 。
    (1) 匆忙　(2) 慌张　(3) 急促　(4) 督促　　　（　）

16. 他的见解 _____，难怪大家都心服口服。
    (1) 高贵　(2) 高度　(3) 高明　(4) 高强　　　（　）

17. 游人对雄伟的万里长城 _____ 不已。
    (1) 呼唤　(2) 表达　(3) 发扬　(4) 赞叹　　　（　）

18. 各族同胞要互相 _____，才能和睦相处。
    (1) 爱慕　(2) 尊重　(3) 佩服　(4) 敬仰　　　（　）

19. 为了不打草惊蛇，这个计划只能 _____ 进行。
    (1) 暗地里　(2) 昏暗中　(3) 不见得　(4) 不得已
    （　）

20. 我高高举起冠军杯，_____ 得流下眼泪。
    (1) 激动　(2) 轰动　(3) 冲动　(4) 惊动　　　（　）

（三）词义选择（10题10分）
　　从所提供的四个选择中，选出与句子中画线词语意义最接近的一个，然后把代表它的数目字填写在右边的括号内。

21. 哥哥得了奖学金，<u>兴奋</u>得不能入眠。
    (1) 感激而精神集中　　(2) 不停地思考
    (3) 高兴而精神振作　　(4) 意外的高兴　　（　）

22. 小强在球场上的表现十分<u>出色</u>。
    (1) 保持水准　　(2) 格外好
    (3) 样子得意　　(4) 花样多　　　　　　　（　）

23. 国家博物院<u>坐落</u>在史丹福路。
    (1) 建筑物的位置　　(2) 发展的计划
    (3) 经过长时间　　　(4) 地点恰当　　　　（　）

24. 工厂排出的废料，把河水<u>污染</u>了。
    (1) 使得到病菌　　　(2) 使失去作用
    (3) 使改变颜色　　　(4) 使变得肮脏　　　（　）

25. 无论贫穷或富有的病人，医生都<u>一视同仁</u>。
    (1) 一律看待　　　　(2) 当成朋友
    (3) 认真检查　　　　(4) 只看一次　　　　（　）

26. 敌兵实在太<u>残忍</u>了，竟连小孩也杀害。
    (1) 想出坏主意　　　(2) 心肠狠毒
    (3) 仗势欺人　　　　(4) 暗中伤人　　　　（　）

27. 他已经够可怜了，你就别<u>挖苦</u>他了。
    (1) 使人受苦　　　　(2) 看不起别人
    (3) 指出毛病　　　　(4) 用话讥笑　　　　（　）

28. 这两位医生对他<u>诊断</u>的结论相同。
    (1) 检查后判定病情　(2) 猜测原因
    (3) 开出的药方　　　(4) 提出要求　　　　（　）

29. 你先问个<u>青红皂白</u>，才责骂别人好吗？
    (1) 起因、结果　　　(2) 以前、现在
    (3) 是非、原由　　　(4) 看法、感受　　　（　）

33

30. 他<u>心如刀割</u>，眼泪不禁滴了下来。
    (1) 生气   (2) 痛苦
    (3) 担心   (4) 害怕   (　　)

（四）句子选择（10题10分）

    从所提供的答案中，选出最合理的一个，然后把代表它的数目字填写在右边的括号内。

31. 剧烈

    (1) 艳阳高挂天空，射出<u>剧烈</u>的光芒。

    (2) 会场里的人员以<u>剧烈</u>的掌声，欢迎贵宾。

    (3) 那位英雄为了保家卫国，<u>剧烈</u>牺牲了。

    (4) 他患心脏病，不适宜做<u>剧烈</u>的运动。   (　　)

32. 延伸

    (1) 这条高速公路，一直<u>延伸</u>到这个新镇。

    (2) 你生病了就应该马上治疗，别<u>延伸</u>了。

    (3) 我坐得太久，便到户外去<u>延伸</u>一下手脚。

    (4) 长颈鹿<u>延伸</u>长颈项是为了吃树上的嫩叶。   (　　)

33. 轰动

    (1) 在他<u>轰动</u>下，大家都提起精神起劲地做事。

    (2) 我国爬山队登上世界最高峰的消息，<u>轰动</u>全国。

    (3) 爷爷刚睡了，你们别大吵大闹，<u>轰动</u>他醒来。

    (4) 他听见屋外有<u>轰动</u>，连忙起来开门。   (　　)

34. 乐观
    (1) 经过装修后，房子变得舒适乐观了。
    (2) 他很乐观，对前途充满了希望。
    (3) 我国的医生和律师都有乐观的收入。
    (4) 流星雨这种罕见的景象，吸引了许多人来乐观。
    （　）

35. 推销
    (1) 爸爸要供姐姐上大学，每个月的推销很大。
    (2) 这件事你马上去办，别再推销了。
    (3) 我国推销拥车证制度，以限制车辆增加。
    (4) 王主任请了几个职员为他推销新产品。（　）

36. 冒充
    (1) 那个骗子竟然冒充警员到处行骗。
    (2) 陈老师请了病假，由张老师冒充他的工作。
    (3) 他其实很开心，却冒充出生气的样子。
    (4) 雨水从天花板上的裂缝冒充入屋里。（　）

37. 即使
    (1) 即使大家都同意，就这样处理吧！
    (2) 即使身体不舒服，他就不去上班。
    (3) 即使困难再大，我也不放弃。
    (4) 即使许下诺言，就应该去找。（　）

38. 矛盾
    (1) 我在学习时，遇到矛盾便请教别人。
    (2) 你的话这么矛盾，很容易得罪人家。
    (3) 沙漠地区白天炎热，夜晚寒冷，天气矛盾。
    (4) 他想去救人，又怕危险，心里很矛盾。（　）

39. 拒绝

(1) 在我国,许多公共场所都拒绝人们抽烟。

(2) 他好心援助你,你怎么拒绝呢?

(3) 警方拒绝让那些少年在公共场所闹事。

(4) 我替他包扎了伤口后,伤口便拒绝流血了。(   )

40. 歉意

(1) 他对自己犯的错误,深表歉意。

(2) 你向人认错,怎么缺乏歉意呢?

(3) 他这样热情招待我,我感到十分歉意。

(4) 对于别人歉意的批评,我们应该接受。(   )

(五)选词填充(8题8分)

根据短文的意思,把括号中最适当的词语圈出来。

在菲律宾的马尼拉,有一种富有地方41.(①模样 ②本色 ③特色 ④模范)的花车,到马尼拉的外国游客都喜欢尝尝乘坐这种花车的42.(①滋味 ②风味 ③情味 ④口味)。

这种花车在马尼拉处处可见。车子不大,用吉普车改装而成,车厢内设有两排面对面的座位,可坐八至十人,车头以飞奔的骏马图做43.(①装修 ②排场 ③装饰 ④场合),乘客坐在车上,觉得好像就是这些44.(①奔驰 ②流浪 ③飘扬 ④驾驶)的马拉着车子往前跑似的。车身一般都油漆一新,画上了色彩45.(①美化 ②鲜艳 ③芬芳 ④新鲜)的图案,还挂上花花绿绿的彩带,迎风起舞,十分好看。

36

在马尼拉的主要街道上，花车像巴士一样，按固定路线46.（①行程 ②经历 ③行驶 ④停顿）。车费则比巴士稍贵一些。

据说在第二次世界大战前，有轨电车是马尼拉主要交通工具。第二次世界大战47.（①结尾 ②粉碎 ③结果 ④结束）后，美军撤离菲律宾后留下大批吉普车，人们加以改装便48.（①成为 ②成就 ③完成 ④完全）现在的花车了。

（六）理解测验（7题7分）
根据短文的内容，选出最适当的答案，然后把代表它的数目字填写在括号里。

一百二十名中学生昨天在"日军"的威逼下，在福康宁山"受苦受难"，他们不但学种木薯、吃白粥、还经历了可怕的"空袭"以及"大检证"！

所谓百闻不如一见，尽管学生们历史读得再多，老师讲得再仔细，也比不上历史画面活生生出现在学生的眼前。

教育部为了让学生亲身"体验"历史事件，在主办第一届（jiè）历史学习营时，安排一系列活动，模拟新加坡在1942年沦（lún）陷以后的生活情节，让中学生参加。

在我国武装队人员的协助下，主办当局在福康宁山空地上重演当年大检证的情况。

只见"日军"在大检证时大声呼喝，对我们的先辈拳打脚踢，发现有纹身或知识水平高的华族青年，就断定他们是抗日分子，一一送往别处"屠杀"。

由于演员演技逼真，使学生如身历其境，深深感受到亡国的痛苦，而使他们更珍惜我们目前和平的生活，并了解防卫的重要！

49. 在日军占领时期，人们过着怎样的生活？
　　(1) 他们要学种木薯、吃白粥。
　　(2) 他们要被人呼喝，拳打脚踢。
　　(3) 他们要听从别人的摆布。
　　(4) 他们生活苦，生命没保障。　　　　　　　　（　）

50. 文中以"百闻不如一见"这句话，要说明什么？
　　(1) 要说明学生听、读历史，不如亲身体验。
　　(2) 要说明学生所读的历史并不多。
　　(3) 要老师讲解历史应该越仔细越好。
　　(4) 要让学生关心历史和了解历史。　　　　　　（　）

51. 文中的"沦陷"是指什么事？
　　(1) 是指人民生活困苦。
　　(2) 是指战乱的时代。
　　(3) 是指日军占领了新加坡。
　　(4) 是指受别人压迫。　　　　　　　　　　　　（　）

52. 教育部为什么主办历史营？
　　(1) 教导学生战争时，如何生存。
　　(2) 让学生明白吃苦的意义。
　　(3) 让学生培养忍耐的精神。
　　(4) 使学生亲身了解日军占领我国的历史。　　　（　）

53. 日军为什么对付知识水平高的华族青年？
    (1) 日军不满他们与纹身的人在一起。
    (2) 日军怀疑他们是抗日份子。
    (3) 日军断定他们不服从命令。
    (4) 日军要选一些人送往别处屠杀。　　　　　（　）

54. 这次活动之所以成功，因为是
    (1) 表演逼真，有真实感。
    (2) 主办当局以福康宁山为演习地点。
    (3) 学生合作，听从指示。
    (4) 他们对我国历史很清楚。　　　　　　　　（　）

55. 参加了这次活动，学生受到什么教育？
    (1) 他们能身历其境，感触很深。
    (2) 他们懂得种木薯，以后不浪费食物。
    (3) 他们珍惜和平，知道国防的重要。
    (4) 他们对历史产生浓厚的兴趣。　　　　　　（　）

（七）填写汉字（5题10分）
　　根据括号中的汉语拼音，把句中所缺的字填写在横线上。

56. 那项 _____（tián）海工程扩大了我国的土地面积。

57. 爱迪生把 _____（bì）生的精力都用在科学研究上。

58. _____（diào）鱼可以培养我们的耐性。

59. 学校举行歌唱比赛让同学大展歌_____（hóu）。

60. 这本画_____（cè）收集了齐白石的名画。

（八）词语配搭（5题5分）
　　从所提供的词语中，选出可以和下列各题搭配成短语的，然后把代表答案的数目字填写在括号内。

```
(1) 精神    (2) 才华    (3) 后悔    (4) 义务
(5) 盗贼    (6) 表情    (7) 考虑    (8) 业务
```

61. 显露（　　）　　　　62. 捕捉（　　）

63. 考察（　　）　　　　64.（　　）周到

65.（　　）自然

（九）完成句子（5题15分）
　　根据所提供的短语或短句，完成句子的意思。

66. _____，千万别错失良机。

67. _____，是父母用血汗换来的。

68. 你没注意饮食卫生，_____。

69. 他不但没被困难吓倒，_____。

70. 你没了解真实情况，_____。

（十）短文填充（10题10分）

从所提供的词语中，选出短文所缺的词语，然后把代表答案的数字（1－15）填写在右边的括号内。

(1) 幸好	(2) 经营	(3) 薄弱
(4) 消磨	(5) 指示	(6) 操劳
(7) 劳苦	(8) 微薄	(9) 折磨
(10) 维持	(11) 克服	(12) 家用
(13) 栽培	(14) 提心吊胆	(15) 唇亡齿寒

　　七十二岁的张家兰获得今年模范母亲奖。张家兰不辞（71）地把七个孩子教养成人。她曾经历过日军占领时期，受过种种（72），但是却靠坚强的意志，（73）生活上所面对的难题。

　　张家兰是在日本占领新加坡那年结婚的。当时，她丈夫做散工（74）一家人的生活。在大儿子九个月大时，丈夫却被日本兵抓去坐牢。

　　她整天（75），担心丈夫被日本兵下毒手，（76）后来丈夫成功逃出牢房，但他在牢里被日本兵毒打，脚被打烂，在家养病两个月。那段时期，张家兰便在街边卖米粉，以（77）的收入过日子。

　　战争结束后，家兰在家饲养家畜，以及种菜，赚点钱补贴（78）。

　　在张家兰苦心（79）下，孩子都成才了，两个儿子获得博士学位，其他五个孩子都是大学毕业生。

71.（　）
72.（　）
73.（　）
74.（　）
75.（　）
76.（　）
77.（　）
78.（　）
79.（　）

后来大儿子当了建筑师，便开了一家美术公司让父母（80）。富有事业心的张家兰在一九七五年自己创立了万利艺术中心。如今，她依然辛勤地工作，简直是个闲不住的人。

80.（　　）

（十一）理解问答（5题15分）
根据短文的内容，回答问题。

乌贼俗称墨鱼，但它并不是鱼。在分类上，它属于软体动物。

乌贼平时喜欢在海面上漂浮，当碰到敌害攻击时，从体内喷出一团黑色的浓液，敌害碰到时，浓液就扩散开来，形成一层烟幕，把敌害团团围住。最大的乌贼喷出的墨汁，能把百公尺范围的海水染黑，乌贼就趁机溜走了。

乌贼全身柔软，可是它却相当凶猛，攻击人和船只的事，时常会发生。一九四一年三月，英国运输舰（jiàn）在大西洋被德国军舰击沉。十二个水兵靠木筏，在海上漂流。一天夜里，游来两只乌贼，一只用触手缠住了一个士兵，十几秒钟就把他拖到水底里去了。另一只乌贼也用触手缠住了一个士兵的腿，但不知什么原因，乌贼又松开他，潜到水里去了。事后，这个水兵发现，自己的腿被乌贼的吸盘扯去了好多块像银币大小的肉皮。

乌贼还有跃水的本领。它在水里快速游水时，一抬身就会跃出海面，滑行一段路程，有时还会落到船的甲板上。一九三七年，一艘日本小船遇到一只体长六公尺的大乌贼。这只乌贼从空中飞下来，一下子就把船打沉了。

乌贼的肉很鲜美，除了可当食物外，还可以制成药呢！

81. 乌贼怎样保护自己？

82. 那些英国士兵为什么会在水上漂流？

83. 试举例说明乌贼相当凶猛？

84. 试写出乌贼打沉小船的原因和经过。

85. 人们怎样利用乌贼？

（单元四）

测验四

日期：_____　　　　成绩：_____ /110

（一）辨字测验（10题10分）

从括号中选出适当的字，以完成句子的意思，然后把代表它的数目字填写在右边的括号内。

1. 哥哥写了一（①遍 ②偏 ③编 ④篇）游记，介绍日本的风光。　　　　　　　　　　　　　　　　　　　（　　）

2. 总统亲自到广场去检（①阅 ②闭 ③闲 ④闯）仪仗队。
　　　　　　　　　　　　　　　　　　　　　　　　（　　）

3. 兵士们勇敢地越过这些（①章 ②障 ③彰 ④樟）碍。
　　　　　　　　　　　　　　　　　　　　　　　　（　　）

4. 清明节那天，我们都到先人的坟前扫（①暮 ②募 ③墓 ④慕）。　　　　　　　　　　　　　　　　　　（　　）

5. 张先生把刚出版的小说（①增 ②僧 ③赠 ④憎）送给朋友。　　　　　　　　　　　　　　　　　　　　（　　）

6. 那个人样子（①思 ②斯 ③私 ④司）文，不像是坏人。
　　　　　　　　　　　　　　　　　　　　　　　　（　　）

7. 肥胖的同学都（①机 ②激 ③积 ④吉）极参与减肥的活动。　　　　　　　　　　　　　　　　　　　　（　　）

8. 岳飞被（①尖 ②监 ③艰 ④奸）臣所害，死时才三十九岁。　　　　　　　　　　　　　　　　　　　　（　　）

44

9. 张老师用毕生的精力教导学生，对社会的贡（①献 ②现 ③限 ④显）很大。（　）

10. 妹妹被人称赞几句，就（①羞 ②休 ③袖 ④修）得满脸通红。（　）

（二）词语选择（10题 10分）
　　选出最适当的词语，以完成句子的意思，然后把代表它的数目字填写在右边的括号内。

11. 他不停地进修，学识越来越_____。
　　(1) 开朗　　(2) 广博　　(3) 开阔　　(4) 广大　　（　）

12. 他的语文_____不好，所以学习十分吃力。
　　(1) 起码　　(2) 基地　　(3) 固定　　(4) 基础　　（　）

13. 蟑螂的_____能力极强，要消灭它可不容易。
　　(1) 适应　　(2) 符合　　(3) 适宜　　(4) 适合　　（　）

14. 不如意的事接二连三地发生，难怪他_____。
　　(1) 得过且过　　　　(2) 同甘共苦
　　(3) 愁眉苦脸　　　　(4) 自暴自弃　　（　）

15. 在居民的要求下，联络所打算_____设备。
　　(1) 布置　　(2) 扩充　　(3) 发展　　(4) 扩张　　（　）

16. 经过这次_____的教训，他才知道公路安全的重要。
　　(1) 沉默　　(2) 可怜　　(3) 悲伤　　(4) 惨痛　　（　）

17. 这支足球队有几位国脚助阵，_____强大。
　　(1) 能力　　(2) 活力　　(3) 精力　　(4) 实力　　（　）

18. 爷爷在动手术时，爸爸、妈妈一直 _____ 。
    (1) 坐立不安   (2) 打草惊蛇
    (3) 小心翼翼   (4) 苦口婆心   （   ）

19. 这些课本 _____ 用不着，把它送给别人吧！
    (1) 曾经   (2) 逐渐   (3) 反正   (4) 固然   （   ）

20. 他已做了充分的准备，有 _____ 能获胜。
    (1) 幸运   (2) 把握   (3) 时机   (4) 成就   （   ）

（三）词义选择（10题 10分）
　　从所提供的四个选择中，选出与句子中画线词语意义最接近的一个，然后把代表它的数目字填写在右边的括号内。

21. 他<u>不务正业</u>，把家产都花光了。
    (1) 不专心地工作
    (2) 有能力找不到工作
    (3) 不从事正当的工作
    (4) 暂时停止营业   （   ）

22. 这些<u>陈年</u>旧事，不提它也罢！
    (1) 难忘的年代   (2) 时间不长
    (3) 痛苦的时期   (4) 存积多年   （   ）

23. 既然你知道他们不是好人，就别与他们<u>为伍</u>吧！
    (1) 做朋友   (2) 打招呼
    (3) 做生意   (4) 当榜样   （   ）

24. 他虽然有些小缺点，<u>毕竟</u>还是好学生。
    (1) 真实　(2) 到底　(3) 竟然　(4) 也许　　　　（　）

25. 叔叔被上司重用，能<u>施展</u>才华了。
    (1) 充分表现出来　　　(2) 正式进行
    (3) 向前发展　　　　　(4) 仔细安排　　　　　（　）

26. 他<u>眉头深锁</u>，好像满怀心事。
    (1) 样子难看　　　　　(2) 十分忧愁
    (3) 不停思考　　　　　(4) 没精打采　　　　　（　）

27. 他<u>神气</u>的样子，真令人讨厌。
    (1) 神情古怪　　　　　(2) 发怒的样子
    (3) 行为粗鲁　　　　　(4) 骄傲的样子　　　　（　）

28. 孩子的书包超重是家长们的<u>热门</u>话题。
    (1) 刚提出来的
    (2) 急着要解决
    (3) 吸引人的事物
    (4) 感到不满　　　　　　　　　　　　　　　　（　）

29. 他上了当，才<u>觉悟</u>自己误交损友。
    (1) 承认　　　　　　　(2) 明白
    (3) 提醒　　　　　　　(4) 相信　　　　　　　（　）

30. 他们为了一些小事而<u>翻脸</u>了。
    (1) 突然不和好　　　　(2) 争面子
    (3) 使人丢脸　　　　　(4) 转过脸　　　　　　（　）

47

（四）句子选择（10题10分）
    从所提供的答案中，选出最合理的一个，然后把代表它的数目字填写在右边的括号内。

31. 慢条斯理
    (1) 对于别人的指责，他总是采取慢条斯理的态度。
    (2) 我们都等得不耐烦，他却慢条斯理到达集合地点。
    (3) 他的学习态度不正确，所以进步慢条斯理。
    (4) 时间慢条斯理地过去，永远不再回头了。　　　（　）

32. 累积
    (1) 这个停车场很大，可累积几千辆汽车。
    (2) 他因为操劳过度，而累积成病。
    (3) 下了一场倾盆大雨，菜园里累积满了水。
    (4) 他从工作中，累积了丰富的经验。　　　　　　（　）

33. 掌握
    (1) 这些受过训练的技工，都能掌握修车的技术。
    (2) 兵士掌握手中的枪，准备冲锋陷阵。
    (3) 我队已经打进大决赛，有机会掌握冠军。
    (4) 他紧紧地掌握我的手，亲切地向我问好。　　　（　）

34. 炫耀
    (1) 他有什么心事，总是向哥哥炫耀。
    (2) 店主把那些新产品放在最炫耀的地方。
    (3) 马儿怎么会比象高大，你说得太炫耀了。
    (4) 小明考得好成绩，便到处向人炫耀。　　　　　（　）

48

35. 考虑

(1) 听了他那番话，我心中的考虑消除了。
(2) 这道数学题真难，我考虑了许久，还算不出答案。
(3) 这件事非同小可，你可要认真考虑后，才做决定。
(4) 他出了题目，要考虑我的本事。（   ）

36. 镇守

(1) 这家银行除了装置防盗铃，还请了保安人员来镇守。
(2) 第二次世界大战时，十万联军镇守新加坡，抵抗日军。
(3) 这些顽皮的孩子，须别人镇守，才不会闹事。
(4) 那位尽职的老师，三十多年一直镇守工作岗位。
（   ）

37. 森严

(1) 这个军事重地戒备森严，日夜都有兵士看守。
(2) 他森严地为你保密，什么也没透露。
(3) 那些犯法者，将会受到森严的处罚。
(4) 这片树林，树林森严，许多人都在里面迷路了。
（   ）

38. 易如反掌

(1) 我国交通发展，要出门十分易如反掌。
(2) 他说得易如反掌，可是做起来不简单。
(3) 他文笔好，写一张通告，简直易如反掌。
(4) 他没经过分辨，就易如反掌地相信别人。（   ）

39. 不妨

(1) 他有自己的看法，一向不妨别人。
(2) 你有什么不满，不妨坦白说出来。
(3) 这场球赛谁胜谁负，现在还不妨说。
(4) 他虽然生活忙碌，但不妨他参加义工的活动。

( )

40. 守望相助

(1) 警犬能替警察守望相助，寻找毒品。
(2) 那两人守望相助，把掉进河里的人救上来。
(3) 邻居之间守望相助，一定能防止盗贼来作案。
(4) 朋友遇到功课上的困难时，我们应该守望相助。

( )

（五）选词填充（8题8分）

根据短文的意思，把括号中最适当的词语圈出来。

有谁敢夸自己的学问已经足够了？我想 41.（①就是 ②大量 ③大概 ④凡是）没有吧！不管你是大学生也好，博士也好，42.（①宁可 ②竟然 ③与其 ④或者）大科学家也好，就是你的学问再高，声望再大，如果不进修，你的学问也会有 43.（①终止 ②禁止 ③消失 ④总结）的一天。

有些人 44.（①趁 ②犯 ③碰 ④患）这样的毛病，总是以为自己的学问已经够了，不需要再学什么。其实这种人只是 45.（①对牛弹琴 ②打草惊蛇 ③井底之蛙 ④画蛇添足），真正有学问的人，他们的学问越高，越觉得自己所知道的 46.（①境界 ②有限 ③限期 ④阻挡），而想学更多东西，不断 47.（①充足 ②充分 ③充当 ④充实）自己，这样他的学识才会 48.（①与日俱增 ②不遗余力 ③川流不息 ④三思而行），才能成为一个令人敬仰的大学问家。

（六）理解测验（7题7分）
　　根据短文的内容，选出最适当的答案，然后把代表它的数目字填写在括号里。

　　澳大利亚著名的菲利蒲（pú）岛，因为有企（qǐ）鹅登陆的奇观，成了一处游览胜地。

　　企鹅是一种稀罕的鸟类。它退化了的短小双翼，已经不能带动身躯在天空飞翔（xiáng），但却能凭着双翼在水中迅速游动，使它成为游泳能手。企鹅走起路来摇摇摆摆，加上它那洁白的胸部和深灰色或黑色的背部与头部，活像穿着燕尾服的绅士！

　　夕阳西下，沙滩人山人海，人们排成两行，中间是海滩。岸上配有数盏照明灯。岸边的大牌上写着："企鹅登陆时间为下午八时零五分"。人们不时地看着表：八时零五分到了！第一只企鹅果然在惊涛骇浪中出现了。真是分秒不差！这个"总领队"首先游到岸边。在沙滩上左顾右盼，然后带着队伍大摇大摆排队上岸，总领队站立在前侧。五十多名队员在后面排成三行。整整齐齐，真像训练有素的兵士。队伍排好后，总领队还会算人数，如果少了一、两个，它们会游回海里去寻找失踪的同伴，数目齐了，总领队一声令下，全队开步走，直奔海滩上的沙丘，瞧！有些企鹅嘴里还衔着小鱼，听说，它们是用来喂小企鹅的，你看多有趣啊！

　　夜深了，人们却不愿离去。以惊奇的目光看看如此一队又一队的企鹅在这个地点登陆，一夜间竟有两千多只啊！

49. 企鹅给菲利蒲岛带来什么好处？
    (1) 使到这地方变得很热闹。
    (2) 使它成为旅游胜地。
    (3) 使到当地居民更了解企鹅。
    (4) 使这个岛出现很多奇观。   ( )

50. 企鹅的翅膀退化前后功用有什么不同？
    (1) 它原本用来飞，后来用来行走。
    (2) 它退化前能游泳，后来游得更快。
    (3) 它退化前能带动东西飞翔，后来不能。
    (4) 它原本能使企鹅飞，后来用来游泳。   ( )

51. 文中指企鹅绅士，是指
    (1) 它背部和头部都是黑色的。
    (2) 它身体的颜色特别。
    (3) 它的外型和行动。
    (4) 它走路的样子难看。   ( )

52. 从什么地方看出企鹅生活有规律？
    (1) 它们准时回家休息。
    (2) 它们的嘴里都衔着小鱼。
    (3) 它们一向都住在菲利蒲岛。
    (4) 它们有时飞，有时游泳。   ( )

53. 企鹅的总领队担任什么工作？
    (1) 它安排同伴上岸的时间。
    (2) 它带领同伴，检查人数。
    (3) 它要负责喂小企鹅。
    (4) 它天天要训练士兵。   ( )

54. 企鹅怎样表现出互助的精神？
    (1) 它们在惊涛骇浪中出现了。
    (2) 它们到大海寻找失踪的同伴。
    (3) 它们上岸时左顾右盼。
    (4) 它们整齐地排成三排。　　　　　　　　　（　）

55. 文中最令游客感到惊奇的是什么事？
    (1) 一夜间竟有两千只企鹅。
    (2) 每队企鹅都有一个领队。
    (3) 企鹅活像穿着燕尾服的绅士。
    (4) 企鹅会像兵士那样排队点算人数。　　　　（　）

（七）填写汉字（5题10分）
　　根据括号中的汉语拼音，把句中所缺的字填写在横线上。

56. 燕子 _____（xián）了树枝来筑窝。

57. 爷爷舍不得把他的旧枕头 _____（rēng）掉。

58. 这些游牧民族没有固定的居所，他们一般住在营 _____（zhàng）里。

59. 那位演员除了会演戏，还能歌 _____（shàn）舞。

60. 他们和 _____（mù）相处，生活过得很快乐。

（八）词语配搭（5题5分）

从所提供的词语中，选出可以和下列各题搭配成短语的，然后把代表答案的数目字填写在括号内。

| (1) 建议 | (2) 计算 | (3) 欣赏 | (4) 加重 |
| (5) 意思 | (6) 计谋 | (7) 精美 | (8) 加强 |

61. 看穿（　　）　　　　　62. 制作（　　）

63. 提出（　　）　　　　　64.（　　）戒备

65.（　　）文章

（九）完成句子（5题15分）

根据所提供的短语或短句，完成句子的意思。

66. _____，不适合我阅读。

67. _____，真令我喜出望外。

68. _____，不必别人操心。

69. 要是他肯出来主持公道，_____。

70. 我们除了注重学业，_____。

(十) 短文填充（10题10分）

从所提供的词语中，选出短文所缺的词语，然后把代表答案的数字（1－15）填写在右边的括号内。

(1) 朝着	(2) 的确	(3) 真正	(4) 规则
(5) 领会	(6) 沿着	(7) 端正	(8) 必须
(9) 善于	(10) 广泛	(11) 兴趣	(12) 正当
(13) 于是	(14) 适合	(15) 范围	

鲁迅在童年时期，就很喜欢读书，而且（71）思考。

71.（ ）

鲁迅小时候读书，书里总是夹着一张书签，书签上用（72）的字体写着十个字："心到眼到口到读书三到。"鲁迅读书就是（73）这个方向努力的。这"三到"中，做到"口到"、"眼到"比较容易，要做到"心到"，就必须在读书时用心思考，并且真正理解、（74）、弄懂、弄通。

72.（ ）
73.（ ）
74.（ ）

鲁迅当时年龄虽然小，却（75）地读各种图书，称得上是博览群书了。他读得最多的是自然科学方面的书。他对一本讲种花知识的《花镜》很感（76）。但对书中说的映山红这种花只能长在山上，移植家里（77）用山上的原土才能活。他对书中所说的感到怀疑。（78）他就从山上移植几株映山红，栽在自己的院子里，他发现，浇水多的几棵都死掉了，浇水少的都长得很健壮。他在《花镜》书里批道："映山红性喜干燥，不（79）多浇水，即使不用原土栽种也能活。"

75.（ ）
76.（ ）
77.（ ）
78.（ ）
79.（ ）

55

鲁迅从小就是这样善于独立思考，他认为，这样读书，才是（80）的"心到"呢！

80.（　　）

（十一）理解问答（5题15分）
　　根据短文的内容，回答问题。

　　窗外正在下雨。我从迷蒙中睁开双眼，闻到阵阵药水味。我知道这是医院，前几天我得了盲肠炎，让爸爸送进来动手术。

　　我转过头，目光落在日历本上：九月十日，这不是我的生日吗？但是我感到烦闷，因为我不能和家人庆祝。

　　忽然有人唤我，抬头一看，不禁叫出声来："丽燕，是你！啊黄露也来了，还有巧云……"我一下子坐了起来，昏沉的头脑一下子清醒了许多，丽燕将手中的一束鲜花递给我，说："今天是你的生日，这束鲜花是我们的一点心意！"好漂亮的花，红得像一团火，白的像一朵云，淡淡的幽香直往鼻子里钻。

　　黄露已经盛来一瓶水，将花插在瓶中，放在床头上。巧云拿出了一个生日蛋糕，同学们轻轻地唱起了生日歌，听着，听着，我的脸上露出了笑容。

　　巧云切了一块蛋糕递给我说："愿你的日子像鲜花一样美丽，祝你学业成绩进步！"

　　我接过蛋糕，望着他们一双双真诚的眼睛，和一张张欣喜的笑脸，我该说什么呢……

　　简简单单的庆祝会结束了，同学们走了，然而那欢乐的笑语使我难忘，那友谊的鲜花将永远在我心中盛开！

81. 医生怎样替作者治病？

   _____

   _____

82. 作者为什么感到烦闷？

   _____

   _____

83. 同学们怎样表示自己的心意？

   _____

   _____

84. 从哪儿看出同学们给作者带来欢乐？

   _____

   _____

85. 这篇文章表达了什么感情？

   _____

   _____

（单元五）

测验五

日期：_____　　　　　　成绩：_____/110

（一）辨字测验（10题10分）

从括号中选出适当的字，以完成句子的意思，然后把代表它的数目字填写在右边的括号内。

1. 他很谦虚地（①证 ②征 ③政 ④整）求大家的意见。
（　）

2. 刚开采出来的石油要经过提（①练 ②莲 ③炼 ④链）后，才能当能源使用。
（　）

3. 他被这些奇形怪（①壮 ②妆 ③状 ④庄）的风筝吸引住了。
（　）

4. 铁和钢的不同点是前者会生（①锈 ②绣 ③秀 ④透）。
（　）

5. 小明成绩好，打算（①伸 ②审 ③呻 ④申）请奖学金。
（　）

6. 马来西亚的柔佛州（①圣 ②盛 ③胜 ④剩）产黄梨。
（　）

7. 这些音响（①乞 ②企 ③气 ④器）材，效果十分好。
（　）

8. 你得罪了人,应该向人(①培 ②赔 ③倍 ④陪)礼。
　　　　　　　　　　　　　　　　　　　　　　　　(　)

9. 我国(①航 ②抗 ③坑 ④杭)线四通八达,出国十分方便。
　　　　　　　　　　　　　　　　　　　　　　　　(　)

10. 那里大排长(①笼 ②咙 ③龙 ④聋),都是来排队买入门票的人。
　　　　　　　　　　　　　　　　　　　　　　　　(　)

(二) 词语选择 (10题 10分)
　　选出最适当的词语,以完成句子的意思,然后把代表它的数目字填写在右边的括号内.

11. 这两辆汽车外型不同,但＿＿＿＿相似。
　　(1) 组织　(2) 构造　(3) 配合　(4) 塑造　　　(　)

12. 那位将军 ＿＿＿＿ 大军到前线去打仗。
　　(1) 统一　(2) 舞动　(3) 统领　(4) 挥动　　　(　)

13. 桥断了,他们设法 ＿＿＿＿ 河。
　　(1) 朝　(2) 浸　(3) 沿　(4) 渡　　　　　　　(　)

14. 真不好意思,给你 ＿＿＿＿ 麻烦。
　　(1) 增进　(2) 增添　(3) 增强　(4) 增广　　　(　)

15. ＿＿＿＿ 你及时刹车,不然后果就不堪设想了。
　　(1) 幸亏　(2) 与其　(3) 幸免　(4) 只要　　　(　)

16. 他们靠指南针来 _____ 方向。
 (1) 差别　(2) 距离　(3) 别离　(4) 辨别　　　　（　）

17. 你在教室里大声吵闹，_____ 我们学习。
 (1) 妨碍　(2) 损害　(3) 阻止　(4) 反对　　　　（　）

18. 我们到森林去 _____，既刺激又有趣。
 (1) 探测　(2) 凶险　(3) 探险　(4) 凶狠　　　　（　）

19. 他们凭勇气和 _____ 把敌军打退了。
 (1) 光荣　(2) 高明　(3) 劳累　(4) 机智　　　　（　）

20. 电台 _____ 了一套有关我国建国的纪录片。
 (1) 制造　(2) 创立　(3) 制作　(4) 建设　　　　（　）

（三）词义选择（10题10分）
 从所提供的四个选择中，选出与句子中画线词语意义最接近的一个，然后把代表它的数目字填写在右边的括号内。

21. 你何必为了这些小事而<u>发愁</u>呢？
 (1) 憎恨、讨厌　　　(2) 不开心、愁闷
 (3) 批评、责备　　　(4) 不爽快、冲动　　（　）

22. 蒙古人在几百年前曾经<u>远征</u>欧洲。
 (1) 到远地打战　　　(2) 在远方参观
 (3) 到远地发展　　　(4) 走路到远地去　　（　）

23. 我班阅读风气很盛，<u>尤其</u>是小华，整天手不释卷。
    (1) 只有　　　　　　　(2) 好像
    (3) 碰巧　　　　　　　(4) 特别　　　　　　　（　）

24. 爸爸因为临时有事，旅行计划便<u>泡汤</u>了。
    (1) 浪费　　　　　　　(2) 缩短
    (3) 落空　　　　　　　(4) 更改　　　　　　　（　）

25. 他把湿布拿到院子里去<u>晾</u>。
    (1) 洗　　　　　　　　(2) 晒
    (3) 用　　　　　　　　(4) 放　　　　　　　　（　）

26. 他这么能干，一定能<u>胜任</u>。
    (1) 有能力担任工作　　(2) 取得胜利
    (3) 接替别人工作　　　(4) 开始担任　　　　　（　）

27. 他<u>迟疑</u>了许久，才答应了别人的要求。
    (1) 起了疑心　　　　　(2) 一时不能决定
    (3) 不大清楚　　　　　(4) 不停地推辞　　　　（　）

28. 你应该自我检讨一下，别<u>埋怨</u>别人。
    (1) 找出原因　　　　　(2) 提出意见
    (3) 样子愤怒　　　　　(4) 表示不满　　　　　（　）

29. 他遇到一艘经过的轮船，终于<u>安然</u>脱险了。
    (1) 幸运　　　　　　　(2) 真的
    (3) 平安　　　　　　　(4) 意外　　　　　　　（　）

61

30. 这种药服用后,马上见效。
    (1) 获得好评　　　　(2) 引起注意
    (3) 产生作用　　　　(4) 起了变化　　　　　　　　　(　)

(四) 句子选择 (10题 10分)
　　从所提供的答案中,选出最合理的一个,然后把代表它的数目字填写在右边的括号内。

31. 符合
    (1) 这对双打,不管进攻或防守,都符合得好。
    (2) 大家符合一些钱,捐给那位不幸的同学。
    (3) 沙漠之舟骆驼,能符合干旱的气候。
    (4) 哥哥的条件和资格,都符合当警察的要求。(　)

32. 坦诚
    (1) 大家平心静气,坦诚地交换了意见。
    (2) 婆婆是位坦诚的佛教徒,常到庙里诵经。
    (3) 那位服务员坦诚地为顾客服务。
    (4) 兵士们都坦诚地决定保家卫国。(　)

33. 歇息
    (1) 油用完,油灯便慢慢歇息了。
    (2) 大家都累了,便坐下来歇息。
    (3) 在张叔叔调解下,风波终于歇息了。
    (4) 太阳出来了,雨渐渐歇息了。(　)

34. 耐心
    (1) 事情没做完,他没耐心去休息。
    (2) 这些事我做得来,你别替我耐心。
    (3) 那位售货员很有耐心地接待顾客。
    (4) 他做的事没有一件让人耐心。(　)

35. 调节
    (1) 在室内栽种些植物，能调节气温。
    (2) 同学们争吵时，老师便为大家调节纠纷。
    (3) 他生病了，便到医院调节几天。
    (4) 房间的色彩调节，给人舒适的感觉。（　　）

36. 显示
    (1) 我国人民生活越来越富裕，显示说明我国经济发展迅速。
    (2) 主席坐在台中央，最显示的位置上。
    (3) 经他显示之后，大家才想起今天要开讨论会。
    (4) 这次军事演习，显示我军强大的战斗力量。（　　）

37. 从容
    (1) 他怕动脑筋，任何问题都由从容开始。
    (2) 父母太从容孩子，会把他们宠坏的。
    (3) 他从容地处理这些紧急的问题。
    (4) 哥哥连饭也不吃，便从容地去上课。（　　）

38. 艰苦
    (1) 他从艰苦的环境中，锻炼出坚强的意志。
    (2) 现在的年轻人不能艰苦，只爱享受。
    (3) 他的伤势很重，躺在地上艰苦地呻吟。
    (4) 这件事还得您艰苦一趟，才能完成。（　　）

39. 珍贵
    (1) 这些首饰价钱珍贵，一般人买不起。
    (2) 他有钱有势，能享受荣华珍贵的生活。
    (3) 他设计的旗袍珍贵大方，十分漂亮。
    (4) 这枚珍贵的邮票，世界上仅存两张。（　　）

40. 沉重
    (1) 轮船触礁后，便慢慢沉重海底里。
    (2) 他接到这个坏消息，心情十分沉重。
    (3) 她身体柔弱，做不了那些沉重的工作。
    (4) 我们交情并不深，你为何送我那么沉重的礼物？　　　　　　　　　　　　　　　　　（　）

（五）选词填充（8题8分）
　　根据短文的意思，把括号中最适当的词语圈出来。

　　雨后，我经过住家前面的院子，忽然看见大树旁有个黑乎乎的东西，41.（①凝神　②传神　③失神　④分神）一看，原来是一只蜘蛛正在抢修被风42.（①惨败　②灭亡　③消失　④摧毁）的网！蜘蛛从小孔里分泌出粘液，遇到空气，粘液就变成细丝！它把丝上端43.（①夹　②扑　③系　④订）在一根树枝上，丝的下头连着蜘蛛肚子下面的小孔，随着八只爪子不停地划动，那丝也不断地44.（①展现　②延长　③发扬　④断续），接着第三根，第四根……

　　我不禁对蜘蛛产生敬意：它织一张网可真不容易啊！登上、爬下，有时还45.（①折　②吊　③串　④投）在半空中！我正想着，一只麻雀突然飞过来，把网撞破了。蜘蛛望着残破的网丝，又耐心地46.（①织补　②增添　③补救　④补贴）起来。过了一会儿，淘气的弟弟对我喊："哥哥，蜘蛛！你怎么瞪着不捉？"说着，他拿起竹竿打在蛛网上。唉！这一下又47.（①不攻自破　②画蛇添足　③前功尽弃　④一事无成）了，但它并没灰心，不慌不忙地织起网来。

　　蜘蛛虽小，但它那种不怕48.（①灰心　②落后　③失望　④失败）的精神，使我至今不忘。

（六）理解测验（7题7分）

根据短文的内容，选出最适当的答案，然后把代表它的数目字填写在括号里。

墨西哥是仙人掌之国，全世界已知的仙人掌品种有一千多种，在墨西哥可以找到六百多种。

在墨西哥的农村，勤劳的农民总喜欢在住宅旁栽种仙人掌。小孩常常在仙人掌下乘凉。每当初夏，这些碧绿的"卫士"开出紫红的花，把农村装扮得十分漂亮。

墨西哥人离不开仙人掌。熟透了的仙人掌果，多汁清甜，是墨西哥人解暑的佳品，墨西哥人还把仙人掌当作蔬菜，或制成饮料等。

墨西哥城定期举办仙人掌展览会，展品各异，千奇百状，多姿多彩。在墨西哥有好多地方气候干燥，树木不长，仙人掌却能耐旱独生。无论是荒凉的山丘，还是沙地，它们都能顽强地成长，墨西哥人爱仙人掌这种顽强勇敢的精神和可贵的气质。

在墨西哥，有不少神话和传说，都与仙人掌有关。有一个神话说，古代墨西哥的一个部族，在向别处迁移时，来到一个荒凉的地方，看到一只鹰衔着一条蛇，停栖在仙人掌上，它们就在鹰停栖处定居，后来就在这地方兴建了具有高度文明的特诺奇蒂特兰城，那就是今日的首都墨西哥城。

仙人掌在墨西哥是祖国的象征，因此在墨西哥的国旗、国徽（huī）和货币上，都有仙人掌的图案。

49. 人们在住家栽种仙人掌，目的是
    (1) 要使仙人掌种类更繁多。
    (2) 把仙人掌当"卫士"。
    (3) 让小孩在那儿玩耍。
    (4) 利用它乘凉和美化地方。　　　　　　（　）

50. 仙人掌有什么经济价值？
    (1) 它可当蔬菜和饮料。
    (2) 它把农村装扮得十分漂亮。
    (3) 它的品种千奇百状。
    (4) 它在人们心中扮演重要角色。　　　　（　）

51. 哪些因素使墨西哥草木不茂盛？
    (1) 这里到处是仙人掌。
    (2) 这里雨量少。
    (3) 这里山丘很多。
    (4) 人们不栽种其他植物。　　　　　　　（　）

52. 为什么在墨西哥到处都长了仙人掌？
    (1) 仙人掌的用途广，又很好看。
    (2) 这里太过荒凉了，便长了仙人掌。
    (3) 这里的气候很适合仙人掌生长。
    (4) 人们靠仙人掌来解渴。　　　　　　　（　）

53. 仙人掌怎样表现顽强的精神？
    (1) 无论环境多坏，它都能生长。
    (2) 它的品种多姿多采。
    (3) 仙人掌得到墨西哥人喜爱。
    (4) 仙人掌的样子特别，气质可贵。　　　（　）

54. 墨西哥人祖先在墨西哥城定居之前，这里的面貌怎样？
    (1) 这里到处是鹰和蛇。
    (2) 这里具有高度文明。
    (3) 这里什么植物都没有。
    (4) 这里人烟少、冷清。   （   ）

55. 仙人掌是墨西哥的象征，意思是
    (1) 人们要靠仙人掌来维生。
    (2) 人们用仙人掌来表示墨西哥。
    (3) 墨西哥人在有仙人掌的地方建国。
    (4) 墨西哥所用的东西都有仙人掌的图案。   （   ）

（七）填写汉字（5题10分）
　　根据括号中的汉语拼音，把句中所缺的字填写在横线上。

56. 为了提高工厂的 _____（chǎn）量，陈经理决定以新科技取代旧机器。

57. 他没带伞，衣服被 _____（lín）湿了。

58. 在沙漠，白天十分 _____（yán）热。

59. 我按一下电 _____（niú），门便开了。

60. 爸爸打算 _____（xiē）减开支，存些钱供我们上大学。

（八）词语配搭（5题5分）
从所提供的词语中，选出可以和下列各题搭配成短语的，然后把代表答案的数目字填写在括号内。

```
(1) 干旱    (2) 可贵    (3) 模样    (4) 困难
(5) 密码    (6) 发扬    (7) 武器    (8) 发挥
```

61. 先进（　　）　　　　62. 输入（　　）

63. 排除（　　）　　　　64.（　　）才华

65.（　　）季节

（九）完成句子（5题15分）
根据所提供的短语或短句，完成句子的意思。

66. 为了完成这项任务，_____。

67. 望着这片广大的大海，_____。

68. 即使再次失败，_____。

69. _____，才会引起误会。

70. _____，我也不出卖朋友。

（十）短文填充（10题10分）

从所提供的词语中，选出短文所缺的词语，然后把代表答案的数字（1－15）填写在右边的括号内。

(1) 仪式	(2) 坚硬	(3) 深厚	(4) 贡献
(5) 耀眼	(6) 外表	(7) 坚定	(8) 艰难
(9) 到底	(10) 巨大	(11) 炫耀	(12) 浅薄
(13) 养料	(14) 延伸	(15) 远大	

给叶子无限生机，给花朵青春的活力，它将自己的生命无私地（71）给大地！你知道它（72）是谁？它就是被埋在地下，（73）在土层中的根！

71. （　）
72. （　）
73. （　）

提到根，也许有人会说：根的（74）实在不美，而且甘愿被埋没，它实在太愚笨了。如果你这样看待根未免太（75）了。

74. （　）
75. （　）

根的样子虽然古怪，一眼望去像个爪，不雅的外观却包藏着一颗高尚的心。它在（76）的泥土里，无时无刻在挺进，它不怕（77）险阻，勇敢地生长。它自己拼命地吸取大地的（78），又把它献给了树干、叶子，它爱地下的泉水，永远都在不停地追求，让泉水滋润它的身体。

76. （　）
77. （　）
78. （　）

默默无闻的根，你有博大的胸怀，有（79）的理想；你有高尚的人格；但却不喜欢在众人面前（80）自己，你多么受人敬重啊！

79. （　）
80. （　）

（十一）理解问答（5题15分）
根据短文的内容，回答问题。

儿童社区图书馆的概念是在1992年由吴总理提出的，同年十二月，共有四所儿童图书馆成立，专门为十岁以下的儿童服务，最初会员只有四千名；到了1998年增加到三万五千名，共有三十多所图书馆为孩子提供服务。

儿童社区图书馆管委会经常为儿童会员主办许多有趣的活动，以培养孩子的阅读兴趣，例如故事欣赏、报告读书心得以及开办儿童演讲及话剧班等。

儿童图书馆也让组屋区的孩子有机会接触电脑，让他们尽早预备新资讯科技的到来。目前，各儿童图书馆内都拥有多台电脑，让孩子使用。

最近儿童社区图书馆将实行交换图书计划，让各区孩子有更多新书可借阅。在这项计划下，每隔三个月在各图书馆之间轮流交换一次。

一般儿童阅读图书的速度很快，图书馆虽然也经常增购书籍，但是儿童图书馆的规模毕竟有限，不可能无限量增加图书，因此，较实际和节省成本的做法是让各图书馆之间互相交换书籍，互相流动更替，这样，图书馆也就不断有新书可借阅了。

81. 儿童图书馆是怎样成立的？

_____

_____

82. 从哪儿看出儿童图书馆发展迅速？

83. 管委会怎样朝着成立图书馆的目标努力？

84. 图书馆为什么装置了许多电脑？

85. 图书交换计划有什么好处？

（单元六）

测验六

日期：_____　　　　　成绩：_____/110

（一）辨字测验（10题10分）
　　从括号中选出适当的字，以完成句子的意思，然后把代表它的数目字填写在右边的括号内。

1. 总理一到现场，乐队便（①凑 ②揍 ③奏 ④奉）国歌。
（　）

2. 这个地方十分（①荒 ②慌 ③谎 ④疏）凉，连个人影也没有。
（　）

3. 他把零件（①拼 ②并 ③屏 ④抨）合成一辆小汽车。
（　）

4. 这（①粽 ②棕 ③综 ④宗）命案，轰动全国。（　）

5. 这篇文章把春天的景色（②瞄 ②描 ③苗 ④庙）写得十分美。
（　）

6. 这些狼心狗（①肺 ②吠 ③费 ④废）的坏蛋，干尽伤天害理的事。
（　）

7. 国强的字体（①段 ②断 ③短 ④端）正又美观。
（　）

72

8. 孩子们开开心心地在游戏场（①烫 ②荡 ③汤 ④畅）千秋。　　　　　　　　　　　　　　　　　　（　）

9. 我国教育普及，文（①忙 ②亡 ③盲 ④忘）越来越少。
　　　　　　　　　　　　　　　　　　　　　　（　）

10. 他下决心要把事情做得尽（①上 ②闪 ③善 ④尚）尽美。　　　　　　　　　　　　　　　　　　　（　）

（二）词语选择（10题10分）
　　选出最适当的词语，以完成句子的意思，然后把代表它的数目字填写在右边的括号内。

11. 科学家 _____ 出各种利用太阳能做能源的电器。
　　(1) 发挥　 (2) 研制　 (3) 发行　 (4) 模范　　（　）

12. 老师要小强 _____ 迟到的原因。
　　(1) 解释　 (2) 表明　 (3) 建议　 (4) 调解　　（　）

13. 有话慢慢说，别 _____，以免伤了和气。
　　(1) 攻击　 (2) 感动　 (3) 振动　 (4) 冲动　　（　）

14. 这部车子 _____ 得好，很少出毛病。
　　(1) 保障　 (2) 保证　 (3) 保养　 (4) 保险　　（　）

15. 他想着那件不愉快的事，心情一直不能 _____ 下来。
　　(1) 平淡　 (2) 平坦　 (3) 平静　 (4) 平凡　　（　）

73

16. 他真善忘，须要别人 _____ 提醒，才记得去做。
    (1) 千万　(2) 曾经　(3) 已经　(4) 一再　　　　（　）

17. 他们被困在火场里，_____ 十分危急。
    (1) 处境　(2) 情节　(3) 环境　(4) 经历　　　　（　）

18. 现在的年轻人没吃过苦，不能 _____ 老一辈所受的苦。
    (1) 感动　(2) 体会　(3) 触动　(4) 体验　　　　（　）

19. 他 _____ 内心的愤怒，才没和别人起冲突。
    (1) 限制　(2) 阻止　(3) 克制　(4) 防止　　　　（　）

20. 大厅展出的出土文物，都是 _____ 奇宝。
    (1) 高尚　(2) 稀薄　(3) 稀世　(4) 特征　　　　（　）

（三）词义选择（10题 10分）

从所提供的四个选择中，选出与句子中画线词语意义最接近的一个，然后把代表它的数目字填写在右边的括号内。

21. 那位杂技演员要杂技时摔了一交，当众<u>出丑</u>。
    (1) 马虎　　　　　　(2) 丢脸
    (3) 难受　　　　　　(4) 失败　　　　　　　　（　）

22. 这些家具都是出自<u>巧匠</u>之手。
    (1) 受过训练的技工　(2) 一般的工人
    (3) 刚巧遇到的工匠　(4) 技术好的工匠　　　　（　）

23. 小弟看卡通片，看得<u>津津有味</u>。
    (1) 趣味很浓　　　　(2) 十分入神
    (3) 得到益处　　　　(4) 边看边吃　　　（　）

24. 你应该提出自己的看法，别当<u>应声虫</u>。
    (1) 胡涂的人　　　　(2) 不肯动脑筋
    (3) 没主见的人　　　(4) 懒惰不做事　　（　）

25. 你给他一点好处，他肯定会<u>得寸进尺</u>的。
    (1) 努力向上　　　　(2) 很珍惜
    (3) 不放弃　　　　　(4) 不满足　　　　（　）

26. 你嘴里认错没用，应该以行动来表示<u>悔改</u>。
    (1) 改正错误　　　　(2) 去掉不好的
    (3) 保证改过　　　　(4) 不停改进　　　（　）

27. 散场后，戏院变得<u>空荡荡</u>的。
    (1) 自由自在　　　　(2) 十分安静
    (3) 空而冷清　　　　(4) 空气好　　　　（　）

28. 那个老画家穿着<u>朴素</u>，看起来像个工人。
    (1) 非常死板　　　　(2) 很破旧
    (3) 不清洁　　　　　(4) 不华丽　　　　（　）

29. 他<u>无恶不作</u>，才会有这样的下场。
    (1) 不发脾气　　　　(2) 什么坏事都干
    (3) 不肯振作　　　　(4) 什么事也不做　（　）

75

30. 那位球员打败上届世界冠军，<u>扬名</u>球场。
    (1) 传播好的名声　　(2) 正式的名称
    (3) 记载姓名　　　　(4) 惊人的名声　　　　（　）

（四）句子选择（10题10分）
　　从所提供的答案中，选出最合理的一个，然后把代表它的数目字填写在右边的括号内。

31. 助兴
    (1) 姐姐捧着奖品，<u>助兴</u>地回家去。
    (2) 颁奖后，大会还呈现一些<u>助兴</u>节目。
    (3) 国庆那天，有乐队来<u>助兴</u>，热闹多了。
    (4) 这几个诗人喝茶写诗，<u>助兴</u>不浅。　　　　（　）

32. 赔罪
    (1) 他知道自己理亏，便向人<u>赔罪</u>。
    (2) 那些犯法的人，都要到法庭<u>赔罪</u>。
    (3) 他<u>赔罪</u>了你，难怪你暴跳如雷。
    (4) 他自己吃苦就好了，何必要人<u>赔罪</u>。　　　　（　）

33. 增强
    (1) 在老师的鼓励下，同学们<u>增强</u>了写作的兴趣。
    (2) 他每天做体操，以<u>增强</u>体格。
    (3) 我们努力工作，才能<u>增强</u>生产。
    (4) 由于学生人数增加，学校打算<u>增强</u>设备。　　（　）

34. 口是心非
    (1) 他口是心非地劝你，无非要你改过。
    (2) 他的口才好，说起话来口是心非。
    (3) 他在众人面前口是心非，不承认自己的错误。
    (4) 我们要做个正直的人，不能口是心非。（　）

35. 恢复
    (1) 他没主见，总是恢复别人的看法。
    (2) 孩子们离开后，公园又恢复平静了。
    (3) 这台新式的影印机，恢复文件十分清楚。
    (4) 太阳下山了，月亮又恢复天空了。（　）

36. 沉浸
    (1) 国庆日那天，人民都沉浸在欢乐的气氛中。
    (2) 在巨浪冲击下，船慢慢沉浸海底。
    (3) 由于他沉浸在恶劣的环境中，便学坏了。
    (4) 木板比水轻，所以浮在水面上，不沉浸在水中。

37. 不起眼
    (1) 他患了近视，没戴眼镜，看东西便不起眼。
    (2) 子刚样貌平凡，站在大伙当中并不起眼。
    (3) 他一时不起眼，东西被人偷走了。
    (4) 他要求太高了，什么事都不起眼。（　）

38. 展览
    (1) 张伯伯展览群书，学问丰富。
    (2) 图书馆里的报刊和杂志是供人展览的。
    (3) 博物院展览的传统服装，种类繁多。
    (4) 旅客们跟随导游到各名胜去展览。（　）

39. 路不拾遗
    (1) 老师带领同学们到公园路不拾遗地捡垃圾。
    (2) 爸爸要我们从小就培养路不拾遗的品德。
    (3) 有他当向导,我们肯定会路不拾遗的。
    (4) 大家要看住自己的行李,以免路不拾遗。 (   )

40. 不自量力
    (1) 你有困难,我一定不自量力地帮助你。
    (2) 我们要了解对手,还要不自量力,才能取胜。
    (3) 他对电脑只懂皮毛,便不自量力地以为自己是专家。
    (4) 工作那么繁重,我不自量力怎能完成?
                                              (   )

(五)选词填充(8题8分)
   根据短文的意思,把括号中最适当的词语圈出来。

同学们在日常学习和生活中,要注意用眼的卫生,41.(①免除 ②以免 ③不免 ④以便)患上近视。近视是同学们常见的一种眼病,近视的42.(①由于 ②因果 ③要素 ④因素)主要有:长期不良的阅读习惯,如近距离读书、躺着读书,或室内光线过强或43.(①微弱 ②微小 ③虚弱 ④柔弱)。

为了保护眼睛,我们应该注意以下几点:
一、看书时,姿势应该44.(①正当 ②准确 ③正确 ④的确),不躺在床上看书;不在乘车时或行走时看书,眼睛和书本之间应该45.(①保持 ②保留 ③保守 ④支持)在三十至三十五公分之间的距离。

二、读书的时间不宜过长，每隔三、四分钟要休息46.（①转眼 ②片刻 ③时刻 ④暂时），可以望远或做眼部保健操，以47.（①消化 ②消灭 ③消失 ④消除）疲劳。看电视机时，每四十五分钟应该休息一下，同时别坐得太靠近电视。

三、如果患上近视，要及时配戴眼镜，48.（①不论 ②不幸 ③不然 ④不便）会使近视加深。

小朋友，眼睛是无价之宝，可要好好爱护它啊！

（六）理解测验（7题7分）

根据短文的内容，选出最适当的答案，然后把代表它的数目字填写在括号里。

玫瑰盛开了，开得很鲜艳。它对旁边的塑料花瞧不上眼，常常说些挖苦的话，什么"长不大啦"，"弄虚作假大王啦"。

塑料花和和气气对玫瑰花说："玫瑰妹妹，你别再这样对待自己的伙伴吧！再说……"

没等塑料花说完，玫瑰花就抢着说："你就是长不大嘛！怎么，自己没有生命还不让别人说？"

塑料花含笑说："我承认你有自然界给你的生命，可是，我有艺术生命呀！自然的生命短暂，艺术的生命可长久呢！当你凋谢的时候，我不是依然在这里吗？"

玫瑰花更加生气，高声地说："我能为人间带来芬香，你能吗？"

塑料花说："是的，这是你的长处。可是我能长时间保留鲜艳的色彩，让人欣赏，你就做不到了。"

玫瑰花一时没话说，便低下头在想。

塑料花接着说："亲爱的玫瑰妹妹，咱们都应该知道：任何东西都各有所长，也各有所短，长中有短，短中有长啊！我们虽然不是同根生长，却同属于花儿大家庭，今后要和睦相处，互相勉励，共同为美好的人类世界添姿增色啊！"

49. 玫瑰指塑料花"弄虚作假"，这是因为
    (1) 它永远长不大。
    (2) 它的样子不好看。
    (3) 它的花是假的。
    (4) 它没有一点儿长处。　　　　　　　　　　（　）

50. 塑料花向玫瑰要求什么？
    (1) 它求玫瑰别取笑同伴。
    (2) 它求玫瑰要认真看待生命。
    (3) 它求玫瑰为别人着想。
    (4) 它求玫瑰发挥自己的长处。　　　　　　　（　）

51. 塑料花有什么存在的价值？
    (1) 它说话时态度和气。
    (2) 它和真花一样生命力强。
    (3) 它会教导玫瑰明白道理。
    (4) 它能长时间让人欣赏。　　　　　　　　　（　）

52. 塑料花有哪些地方比玫瑰花强？
    (1) 它的颜色比玫瑰鲜艳。
    (2) 它不会凋谢，长久存在。
    (3) 它比玫瑰更受人们欢迎。
    (4) 它不像玫瑰那样冲动。　　　　　　　　　（　）

53. 玫瑰的长处是

(1) 漂亮而散发芬芳。

(2) 经常开放。

(3) 听从别人的劝告。

(4) 会生长，也会凋谢。　　　　　　　　　　( )

54. 塑料花的志愿是什么？

(1) 生活在花的家庭里。

(2) 为人类世界添姿增色。

(3) 要与玫瑰和睦相处。

(4) 要与玫瑰互相勉励。　　　　　　　　　　( )

55. 这篇文章告诉我们什么道理？

(1) 别随便与同伴争吵。

(2) 真花并不比假花有价值。

(3) 各种东西都有长处和短处。

(4) 我们要好好珍惜生命。　　　　　　　　　( )

（七）填写汉字（5题10分）

根据括号中的汉语拼音，把句中所缺的字填写在横线上。

56. 他好 ＿＿＿＿（dǔ）成性，把美好前途断送了。

57. 居民们都准时参加国庆晚 ＿＿＿＿（yàn）。

58. 爸爸 ＿＿＿＿（yāo）请朋友来家里吃饭。

59. 这 _____（zé）通告你看得懂吗？

60. 这个国家治安好，人们可以夜不 _____（bì）户。

（八）词语配搭（5题5分）
　　从所提供的词语中，选出可以和下列各题搭配成短语的，然后把代表答案的数目字填写在括号内。

(1) 热情　(2) 感情　(3) 负起　(4) 生命
(5) 表演　(6) 无间　(7) 进攻　(8) 宝贵

61. 待人　（　　）　　　62. 招架　（　　）

63. 配合　（　　）　　　64.（　　）经验

65.（　　）责任

（九）完成句子（5题15分）
　　根据所提供的短语或短句，完成句子的意思。

66. 为了提高水平，_____。

67. 他呼吸微弱，_____。

68. 他采用这个方法，_____。

69. _____，所得到的知识就非常有限。

70. _____，他还是一知半解。

（十）短文填充（10题10分）

从所提供的词语中，选出短文所缺的词语，然后把代表答案的数字（1－15）填写在右边的括号内。

(1) 可惜	(2) 漂浮	(3) 意义
(4) 缠	(5) 故意	(6) 飘动
(7) 新鲜	(8) 挣脱	(9) 扭
(10) 为了	(11) 感激	(12) 鲜艳
(13) 兴高采烈	(14) 津津有味	(15) 四分五裂

　　那天，我拿了自己心爱的风筝，（71）来到草场上放风筝，草场的上空满是风筝在（72）。

　　瞧，那只"蜻蜓"是方明的，那只"老鹰"是志明的，那只色彩（73）的"蝴蝶"是国兴的。

　　我手中的线团呼呼地转着，"小白鸽"展开翅膀，越飞越高。

　　"呼－呼－呼－"风忽然转了方向，"小白鸽"在空中打了几个滚，直往下掉。哎呀，不好了！我的风筝线和志平的线，（74）在一起了。"小白鸽"和"老鹰"迅速下降，我们看着风筝下边有一棵大树，再过几秒钟，两只风筝将会被树枝撕得（75）。

　　忽然，"叭"的一声，志平手中的风筝线断了，我的"小白鸽"（76）出来，又飞上天空。再看志平的"老鹰"呢，却可怜巴巴地掉落在大树上，扯得七零八落，真（77）。我回头看看志平，只见他拿着剩下的线团，笑眯眯地看着我。

71. （　）
72. （　）
73. （　）
74. （　）
75. （　）
76. （　）
77. （　）

我一下全明白了。啊，原来志明（78）把自己的线扯断了。他这样做，是（79）救我的"小白鸽"。

我心里十分（80），把线团往志平手里一塞，说："咱们一起放'小白鸽'吧！"志平开心地笑了，这时，我的"小白鸽"，不，是我和志平的"小白鸽"，还在蓝天轻轻地飘……

78.（　）
79.（　）
80.（　）

（十一）理解问答（5题15分）

根据短文的内容，回答问题。

一八二三年，莱佛士建议围起一块空地，以建造基督教堂。可是十一年后，新加坡还是没有基督教堂。当地的欧洲人建议捐款在围起的地方建造教堂，当时的苏格兰人捐献最多，礼拜堂的名称便定为"圣安德烈教堂"。

这项工程在一八三五年动工，总工程师哥尔门曾在印度搞建筑业，因此他的风格带有东方情调。教堂在四年后完成，教堂虽然富有英国的风格，却没有钟楼尖塔。后来尖塔在一八四五年和一八四九年两次遭雷击，人们担心它会倒塌，便于一八五二年关闭。

一八五六年，英国人打算在原址上兴建新教堂，依照蓝图，教堂应有钟楼，但有人担心新教堂地基不够牢固，不能支撑钟楼的重量，所以在一八六二年教堂落成时，屋顶是没有钟楼和塔尖的。后来人们还是在一八六三年加上钟楼，并盖上塔尖。

圣安德烈教堂加上塔尖高达两百零三尺，大教堂外墙以石砖砌成，朴素坚固，建筑手艺十分精致。

教堂除了庄严、雄伟外，另一个特色是建筑时不利用砂石，教堂墙壁的廊柱，全是以贝壳灰和蛋白及粗砂糖拌搅（jiǎo）成粘状衔接而成的。

81. 欧洲人怎样实现莱佛士的建议？

82. 哥尔门建的这座教堂与他一贯的风格有什么不同？

83. 人们为什么暂时关闭教堂？

84. 早期的圣安德烈教堂为什么没钟楼？

85. 从哪儿可以看出哥尔门高超的建筑才华？

（单元七）

测验七

日期：_____　　　　　　　　　　成绩：_____ /110

（一）辨字测验（10题10分）

从括号中选出适当的字，以完成句子的意思，然后把代表它的数目字填写在右边的括号内。

1. 这个地区方（①园 ②圆 ③员 ④元）十公里都没有人家。　　　　　　　　　　　　　　　　　　　　　　　　（　）

2. 他一时紧张，竟把台（①辞 ②慈 ③雌 ④词）给忘了。（　）

3. 爸爸工作虽然（①凡 ②繁 ③烦 ④泛）重，但还是抽空做运动。　　　　　　　　　　　　　　　　　　　　　（　）

4. 老师把我们的手工作品陈（①列 ②烈 ③例 ④裂）在架子上。　　　　　　　　　　　　　　　　　　　　　　（　）

5. 国旗上的红色象征各族同（①包 ②抱 ③袍 ④胞）的情谊。　　　　　　　　　　　　　　　　　　　　　　　（　）

6. 这些竞赛不分年（①零 ②灵 ③龄 ④伶）和性别，任何人都可以参加。　　　　　　　　　　　　　　　　　　（　）

7. 爷爷快八十岁了，但身体还很硬（①朗 ②郎 ③浪 ④良）。　　　　　　　　　　　　　　　　　　　　　　　　（　）

86

8. 张叔叔恭敬地把结婚请（①沾 ②贴 ③粘 ④帖）交给李伯伯。（　）

9. 伯伯经（①营 ②管 ③官 ④宫）的餐馆，生意十分好。（　）

10. 那位舍己救人的警员，为大家树立了好（①膀 ②榜 ③傍 ④旁）样。（　）

（二）词语选择（10题 10分）
　　选出最适当的词语，以完成句子的意思，然后把代表它的数目字填写在右边的括号内。

11. 那位诗人把彩虹_____为七彩的天桥。
　　(1) 表示　(2) 仿佛　(3) 从容　(4) 形容　　（　）

12. 那位将军骑在马背上，样子_____极了。
　　(1) 威武　(2) 强大　(3) 壮丽　(4) 威望　　（　）

13. 胡姬花的_____繁多，真是不胜枚举。
　　(1) 品质　(2) 花样　(3) 品种　(4) 姿态　　（　）

14. 警察到现场去_____任务。
　　(1) 责任　(2) 执行　(3) 负担　(4) 推行　　（　）

15. 请大家安静，我有好消息要_____。
　　(1) 传送　(2) 宣布　(3) 流传　(4) 宣扬　　（　）

87

16. 工厂实行轮班制，工人要_____值夜班。
    (1) 代表　(2) 轮流　(3) 交流　(4) 转动　　　　（　）

17. 叔叔出远门，我_____他一路平安。
    (1) 庆祝　(2) 恭贺　(3) 祝福　(4) 道贺　　　　（　）

18. 新年期间，人们喜欢到牛车水去感染新年的_____。
    (1) 气氛　(2) 情调　(3) 气派　(4) 情景　　　　（　）

19. 先辈漂洋过海，到新加坡来_____。
    (1) 建造　(2) 计谋　(3) 进展　(4) 谋生　　　　（　）

20. 由于生意_____，张老板打算扩充营业。
    (1) 家喻户晓　　　　(2) 井井有条
    (3) 蒸蒸日上　　　　(4) 得寸进尺　　　　　　　（　）

（三）词义选择（10题 10分）

从所提供的四个选择中，选出与句子中画线词语意义最接近的一个，然后把代表它的数目字填写在右边的括号内。

21. 妹妹<u>恭敬</u>地向李叔叔请教。
    (1) 谦虚而诚心　　　(2) 听从指示
    (3) 严肃而有礼　　　(4) 低声下气　　　　　　　（　）

22. 我家进行装修，只好<u>暂时</u>租房子。
    (1) 短时间　　　　　(2) 延长时间
    (3) 长时间　　　　　(4) 一段时间　　　　　　　（　）

23. 张先生言行一致，是个很可靠的人。
    (1) 做事和说话一样快　　(2) 做事有计划
    (3) 先说好才做　　　　　(4) 说的和做的一样　　（　）

24. 商家资助他们实现南极探险的计划。
    (1) 解决难题　　(2) 用财物帮助
    (3) 热心帮助　　(4) 提供资料　　（　）

25. 这所医院请张部长主持落成典礼。
    (1) 建筑完成　　(2) 将要完成
    (3) 圆满结束　　(4) 开始营业　　（　）

26. 程医生到偏僻的山区去照顾病人。
    (1) 缺乏设备　　(2) 交通不便
    (3) 十分贫穷　　(4) 地方危险　　（　）

27. 这对夫妇十分恩爱，经常出双入对。
    (1) 感情好　　(2) 互相合作
    (3) 心地好　　(4) 相同爱好　　（　）

28. "这些书的内容还合胃口吗？"小强问妹妹。
    (1) 简单易懂　　(2) 很有意义
    (3) 得到好处　　(4) 适合心意　　（　）

29. 在暗淡的月色中，景物十分模糊。
    (1) 很平常　　(2) 迷人
    (3) 不明亮　　(4) 宁静　　（　）

30. 游客在圣淘沙玩得流连忘返。
    (1) 舍不得离去 (2) 留下好印象
    (3) 到处参观   (4) 忘记烦恼   ( )

（四）句子选择（10题 10分）
　　从所提供的答案中，选出最合理的一个，然后把代表它的数目字填写在右边的括号内。

31. 光彩
    (1) 哥哥获得英勇奖，全家人都感到很光彩。
    (2) 为了迎接新年，大街小巷都张灯光彩。
    (3) 这所房子光彩调和，给人一种舒适的感觉。
    (4) 展览厅的展览品丰富光彩，种类多。   ( )

32. 密密麻麻
    (1) 香港人口众多，是个密密麻麻的都市。
    (2) 他凭信心，终于把那些密密麻麻的烦恼解决了。
    (3) 乌云密密麻麻布满了天空，眼看要下雨了。
    (4) 夜空密密麻麻的繁星，像无数小眼睛跟我眨眼。
                                              ( )

33. 永恒
    (1) 只要你永恒地做下去，一定能成功的。
    (2) 我国在热带，没有永恒的春夏秋冬。
    (3) 我们建造这座英雄纪念碑，作为对抗日英雄的永恒纪念。
    (4) 这个地方雨量充足，树木能永恒生长。   ( )

34. 分析
    (1) 你不能分析颜色，怎能考取驾车执照？
    (2) 老师向同学们分析第二次世界大战时日本投降的原因。
    (3) 叔叔把篮子里的水果平均分析给所有的小孩。
    (4) 上课时如果分析注意力，就会影响我们的成绩。
    (　　)

35. 征询
    (1) 经过多年征询，我们还是打听不到他的下落。
    (2) 地铁公司为了改善服务，广泛地征询搭客的意见。
    (3) 人类有能力征询自然，并且改造自然。
    (4) 我们学习遇到难题，便向老师征询。(　　)

36. 仪式
    (1) 你采用的工作仪式不对，效果也一定不好。
    (2) 这套衣服的仪式别出心裁，受年轻人欢迎。
    (3) 他紧握拳头，摆出一副要打架的仪式。
    (4) 马来同胞的结婚仪式与华人完全不同。(　　)

37. 高潮
    (1) 巨型舞蹈的表演把国庆庆祝典礼推向最高潮。
    (2) 他从书本中，得到不少高潮的知识。
    (3) 这部小说塑造了岳飞高潮的英雄形象。
    (4) 那位能干的技工以高潮的劳动为国家做出贡献。
    (　　)

38. 简朴

(1) 这台机器结构比较简朴，容易掌握。

(2) 张华简朴地把这本书的内容告诉大家。

(3) 这幅人像写生简朴得像真的一样。

(4) 那位官员作风简朴，一向不喜欢铺张。　　（　）

39. 以身作则

(1) 李教练以身作则向大家示范游泳的姿势。

(2) 我自己能做的事，都以身作则，从不依靠别人。

(3) 班长处处以身作则，从未触犯校规。

(4) 这条裤子是他以身作则缝制的，当然合身！

　　　　　　　　　　　　　　　　　　　　（　）

40. 发扬光大

(1) 张先生热爱书法，并打算把这门艺术发扬光大。

(2) 他把这家小商店发扬光大成为超级市场。

(3) 李强写的文章在报章上发扬光大登载了。

(4) 再过十年，我国将成为一个经济发扬光大的国家。

　　　　　　　　　　　　　　　　　　　　（　）

（五）选词填充（8题8分）

　　根据短文的意思，把括号中最适当的词语圈出来。

　　假如世界上没有森林，其41.（①效果 ②后果 ③下场 ④结局）将是怎样呢？

　　陆地上百分之九十的生物将会42.（①绝迹 ②踪迹 ③绝交 ④失踪）。全世界百分之七十的淡水将白白流入大海，人类将严重43.（①抛弃 ②失望 ③缺点 ④缺乏）食

92

水。那些生存下来的生物，因为没有森林蓄水，将44.（①面目 ②面临 ③临时 ④面前）干旱的威胁。

这时，地球上的二氧化碳将45.（①尽量 ②大量 ③尽管 ④大致）增加，生物呼出的氧气将减少，人类再也不能呼吸到新鲜的空气。

许多地区的风速将增加，亿万人将毁于风灾之中。

人类得不到木柴等建筑46.（①材料 ②资料 ③器材 ④资本）以及森林副产品，经济生活将遇到巨大的困难。

许多地区将47.（①发动 ②发出 ③发生 ④发觉）旱灾、水灾、城市、农田被水淹没。

空气受到48.（①传染 ②污染 ③传播 ④沉浸），太阳辐射热增加，使到气温剧增，人类就无法生存。

所以，没有森林就没有人类。

（六）理解测验（7题7分）
根据短文的内容，选出最适当的答案，然后把代表它的数目字填写在括号里。

从前，有个画家坐船到扬州去游览。来到一座僻静的深山，看到一所神庙。庙里很静，和尚不知到哪儿去了。庙里有一张桌子，桌上放着笔，画家就拿起笔来，在墙上画了一个琵（pí）琶（pá），过后便离开了。

和尚回来，见墙上画了一个琵琶，觉得很奇怪，就对村人说："这也许是天上的神画的。"这话就一传十，十传百，传开了，还有人从远方带来礼物，献给神琵琶，希望能得到幸福。后来，他们的生活好起来，大家都说这是神琵琶显灵了。

画家在扬州住了两年，也听到关于神琵琶的传闻。一天，他又到深山去，进入庙里，刚巧和尚出门去了。他看到自己画的神琵琶下放了香炉和祭品，觉得很可笑，便动手把琵琶擦掉了。

第二天画家又上山了，到了庙里才知道昨晚和尚回来以后，发现墙上的琵琶不见了，就赶紧把这个不幸的消息告诉村里的人。大家听了，都愁眉苦脸，有的还说："一定是有人做了坏事，冒犯了天神，才把神琵琶收了回去。"

画家听了，不由得大笑起来，接着就告诉大家自己画琵琶的经过，以及擦掉它的原因，这时，和尚和村人才明白真相，以后，再也没有人来拜琵琶了。

49. 画家第一次来到神庙，是因为他
    (1) 要到庙里找和尚。
    (2) 想到庙里画画。
    (3) 要到扬州，刚好路过这里。
    (4) 要到庙里歇息。　　　　　　　　　　　　　　(　)

50. 人们为什么送礼给墙上的画？
    (1) 他们相信那是天神的画。
    (2) 他们都是和尚的信徒。
    (3) 他们觉得很好奇。
    (4) 他们想亲眼观赏这幅画。　　　　　　　　　　(　)

51. 文中的"显灵"是指什么事？
    (1) 天神真的会画画。
    (2) 这话一传十，十传百。
    (3) 神接受了人们送来的礼物。
    (4) 人们向神求的东西，得到了。　　　　　　　　　（　）

52. 什么事使画家觉得可笑？
    (1) 他两次到庙里都遇不到和尚。
    (2) 他看到自己的画还在墙上。
    (3) 人们用那个地方放祭品。
    (4) 人们拜他画的琵琶。　　　　　　　　　　　　　（　）

53. 为什么大家都愁眉不展？
    (1) 他们在想谁使神画消失。
    (2) 他们认为神画不见了，神不再保佑他们。
    (3) 他们怪自己没有好好看守神画。
    (4) 他们知道有人做了坏事。　　　　　　　　　　　（　）

54. 试根据上下文推测"冒犯"这词的意思？
    (1) 得罪、冲撞对方。
    (2) 做了犯法的事。
    (3) 讲话不诚实。
    (4) 不相信对方的话。　　　　　　　　　　　　　　（　）

55. 画家擦掉琵琶画的原因是
    (1) 要取笑那些村民。
    (2) 别让村民把它当神。
    (3) 要让大家愁眉不展。
    (4) 劝村民不再做坏事。　　　　　　　　　　　　　（　）

(七) 填写汉字（5题10分）

根据括号中的汉语拼音，把句中所缺的字填写在横线上。

56. 那座抗日英雄纪念碑就在广场的中 _____（yāng）。

57. 那些星星 _____（jù）离我们很远，所以看起来很小。

58. 弟弟这么小，就懂得尊敬长 _____（bèi）了。

59. 联络所为居民提 _____（gōng）了休闲活动的场所。

60. 他经常 _____（juān）钱做善事。

(八) 词语配搭（5题5分）

从所提供的词语中，选出可以和下列各题搭配成短语的，然后把代表答案的数目字填写在括号内。

(1) 严寒	(2) 福气	(3) 征求	(4) 散失
(5) 贫寒	(6) 福利	(7) 散播	(8) 残暴

61. 争取（   ）   62. 出身（   ）

63. 性情（   ）   64. （   ）意见

65. （   ）谣言

（九）完成句子（5题15分）
根据所提供的短语或短句，完成句子的意思。

66. _____，而且成绩优异。

67. _____，不如设法解决难题。

68. 他们的看法虽然不同，_____。

69. 既然你那么爱看书，_____。

70. 只要你照指示去做，_____。

（十）短文填充（10题10分）
从所提供的词语中，选出短文所缺的词语，然后把代表答案的数字（1－15）填写在右边的括号内。

(1) 争取	(2) 参与	(3) 采取
(4) 确保	(5) 威胁	(6) 繁忙
(7) 对付	(8) 表示	(9) 的确
(10) 以免	(11) 繁重	(12) 支付
(13) 得过且过	(14) 横冲直撞	(15) 大显身手

我国警方将采取行动，来（71）那些在公路上，妨碍与干扰交通，以及在人行道和公共场所（72）的溜滑轮者。对于这项行动，家长、体育用品商及溜滑轮运动爱好者都（73）欢迎。

71. （　　）
72. （　　）
73. （　　）

他们了解警方这么做，是为了（74）公众人士和其他公路使用者的安全，而我国也有许多公园和溜滑轮场所可让喜好溜滑轮者（75）。

　　他们认为，如果在（76）的公路上，或一些行人众多的场所里，任由那些溜滑轮者你追我逐，是非常危险的，尤其对老人和小孩的（77）更大。

　　一些公众认为，即使在公园里，也应该划出特地段，让溜滑轮者活动，（78）撞伤游人，而造成意外。

　　体育商认为警方（79）这些限制，对发展溜滑轮运动有好处，因为溜滑轮的青少年不会到处闯祸，将使家长更放心让儿女（80）溜滑轮活动。

74.（　　）
75.（　　）
76.（　　）
77.（　　）
78.（　　）
79.（　　）
80.（　　）

（十一）理解问答（5题 15分）
　　根据短文的内容，回答问题。

　　我们看太阳，觉得它并不大，实际上它可大得很，要一百三十万个地球才能抵得上一个太阳。因为太阳离地球太远了，所以我们看上去只有一个盘子那么大。

　　太阳会发光，会发热，是个大火球。太阳的温度很高，表面温度有摄氏六千度，就是钢铁碰到它，也会变成气体。

　　太阳虽然离我们这么远，但是它和我们的关系非常密切。有了太阳，地球上的植物才能发芽、长叶、开花、结果；鸟、兽、虫、鱼才能生存、繁殖。如果没有太阳，地球上就不会有植物、也不会有动物。我们吃的粮食、蔬菜、水果、肉类……都和太阳有密切的关系。就是埋在地下的煤炭，看起来好像跟太阳没有关系，其实如果离开太阳是不能产生的。

地面上的水被晒着的时候，由于受到太阳的热，变成了水汽，飘到天空，成为一朵朵的云，水汽越积越多，就变成雨落下来。

太阳晒着地面，有些地吸收的热量多，那里的空气就比较热；有些地区吸收的热量少，那里的空气就比较冷。空气有冷有热，才能流动，成为风。

阳光有杀菌的作用，我们可以利用它来预防和治疗疾病。

地球上的光明和温暖，都是太阳送来的。如果没有太阳，地球一片黑暗，到处是寒冷，没有风、雨，没有草、树、鸟兽，自然也没有人啦！

81. 太阳的哪些特点会影响我们的生活？

82. 如果没有太阳，地球会闹饥荒，你同意吗？为什么？

83. 天下雨必须具备哪些条件？
   _____
   _____

84. 风形成的原因是什么？
   _____
   _____

85. 你认为有哪些东西能取代太阳？为什么？
   _____
   _____

（单元八）

测验八

日期：_____ 成绩：_____/110

（一）辨字测验（10题 10分）

从括号中选出适当的字，以完成句子的意思，然后把代表它的数目字填写在右边的括号内。

1. 孩子们搭了营（①帐 ②账 ③涨 ④张），准备在野外过夜。　　（　）

2. 他们开会（①验 ②签 ③俭 ④检）讨失败的原因。　　（　）

3. 这次意外完全是因为（①蔬 ②疏 ③舒 ④输）忽造成的。　　（　）

4. 那条电（①览 ②缆 ③栏 ④烂）把电流送到各户人家。　　（　）

5. 这个偏僻的山区，简直与世（①割 ②个 ③隔 ④格）绝。　　（　）

6. （①木 ②牧 ③睦 ④募）童赶着羊群到草原去。　　（　）

7. 伯伯出（①授 ②寿 ③受 ④售）了一批名贵的古董。　　（　）

8. 这条路的（①尽 ②进 ③近 ④竟）头有个小池塘。
（　）

9. 他的（①灵 ②零 ③怜 ④伶）感一来，便写出了好文章。
（　）

10. 用湿布抹电器，是很容易（①处 ②除 ③触 ④楚）电的。
（　）

（二）词语选择（10题 10分）
　　选出最适当的词语，以完成句子的意思，然后把代表它的数目字填写在右边的括号内。

11. 蜘蛛结网是为了_____虫子。
　　(1) 巡视　(2) 搜寻　(3) 消化　(4) 捕捉　　（　）

12. 哥哥从日本归来，便_____地谈论旅途的趣闻。
　　(1) 兴奋　(2) 发奋　(3) 欣慰　(4) 尽情　　（　）

13. 姐姐阅读课外书，来_____自己。
　　(1) 充满　(2) 充裕　(3) 充实　(4) 充足　　（　）

14. 既然你_____要这样做，我反对也没有用。
　　(1) 坚固　(2) 坚持　(3) 坚强　(4) 坚定　　（　）

15. 船沉了，逃生者只好抱着木板在海上_____。
　　(1) 漂流　(2) 飞扬　(3) 飘扬　(4) 流浪　　（　）

16. 那几个童子军在森林探险时,遭群蜂_____。
    (1) 攻打　(2) 攻击　(3) 侵略　(4) 反攻　　　(　)

17. 那片菜园没人打理,结果杂草_____。
    (1) 散播　(2) 散发　(3) 产生　(4) 丛生　　　(　)

18. 这可是千载难逢的好机会,你千万别_____。
    (1) 放弃　(2) 遗失　(3) 抛弃　(4) 绝望　　　(　)

19. 他_____冲进火场里救人,结果受了伤。
    (1) 探险　(2) 惊奇　(3) 冒险　(4) 好奇　　　(　)

10. 他离开_____的大都市,到乡下去度假。
    (1) 繁多　(2) 繁华　(3) 繁重　(4) 繁荣　　　(　)

(三) 词义选择（10题 10分）
　　从所提供的四个选择中,选出与句子中画线词语意义最接近的一个,然后把代表它的数目字填写在右边的括号内。

21. 我们的船在<u>无边无际</u>的汪洋中航行了几个星期。
    (1) 没有目的地　　　(2) 风平浪静
    (3) 非常广大　　　　(4) 见不到陆地　　　(　)

22. 为了达到<u>物尽其用</u>的目的,我们利用垃圾来做能源。
    (1) 做事有方法　　　(2) 节省能源
    (3) 采用其他东西　　(4) 充分发挥作用　　(　)

23. 他受到无数打击，仍然那么坚强。
    (1) 还是　(2) 结果　(3) 果然　(4) 曾经　　　　　　　(　)

24. 程叔叔嗜食生鱼，他认为生鱼特别鲜美。
    (1) 深入研究　　　　　　(2) 爱好吃
    (3) 开始注意　　　　　　(4) 养成习惯　　　　　　(　)

25. 爸爸为了一家生活而日夜忙碌。
    (1) 忙着做各种事　　　　(2) 行动很快
    (3) 做事没条理　　　　　(4) 太过辛苦　　　　　　(　)

26. 他来到一个陌生的环境，觉得很不自在。
    (1) 平淡　(2) 生疏　(3) 混乱　(4) 可怕　　　　　　(　)

27. 那位将军先环顾山势，然后调动军队。
    (1) 注意地看　　　　　　(2) 测量地势
    (3) 向低处看　　　　　　(4) 向四周看　　　　　　(　)

28. 这种落后的生产方式十分费劲。
    (1) 花费气力　　　　　　(2) 花费时间
    (3) 浪费金钱　　　　　　(4) 麻烦、复杂　　　　　(　)

29. 那位服务员无微不至的服务态度受到大家表扬。
    (1) 没有地方不达到　　　(2) 照顾得很周到
    (3) 勤劳地做事　　　　　(4) 对人有礼貌　　　　　(　)

30. 他删了一些文句，文章简洁多了。
    (1) 去掉　(2) 完成　(3) 更改　(4) 描写　　　　　　(　)

（四）句子选择（10题10分）

从所提供的答案中，选出最合理的一个，然后把代表它的数目字填写在右边的括号内。

31. 承受

    (1) 他犯错后，马上承受错误。
    (2) 他见过世面，承受的经验很丰富。
    (3) 无论压力多大，我都承受得了。
    (4) 小强很虚心地承受了大家对他的批评。　　（　　）

32. 如愿以偿

    (1) 只要大家奉公守法，就能过如愿以偿的生活。
    (2) 妹妹从小就如愿以偿，想当个护士。
    (3) 对不起，我弄坏你的钢笔，我只好如愿以偿。
    (4) 哥哥经过不停的锻炼，终于如愿以偿，夺得冠军。
    　　　　　　　　　　　　　　　　　　　　　（　　）

33. 摇荡

    (1) 翠绿的嫩叶在微风中轻轻摇荡。
    (2) 他离开家乡，到处摇荡过日子。
    (3) 隆隆的炮声在山谷中摇荡着。
    (4) 警方尽全力摇荡那些非法的激光唱片。　　（　　）

34. 掩饰

    (1) 乌云把阳光掩饰了，大地便暗了下来。
    (2) 你拼命掩饰自己的缺点，怎会进步呢？
    (3) 新年快到了，妈妈买了许多鲜花掩饰客厅。
    (4) 科学家发现地底下掩饰了大量煤矿。　　（　　）

35. 接触
   (1) 主人热情地接触到访的宾客。
   (2) 我和小丽接触以后，才了解她的为人。
   (3) 老师要我们在这次事故中接触教训。
   (4) 我不能接触你送来的名贵礼物。（ ）

36. 至于
   (1) 他不会画画，但至于写诗。
   (2) 大家至于这个问题的看法是一致的。
   (3) 这座大桥至于两个市镇之间。
   (4) 你的建议，我完全赞成，至于别人怎样，我不清楚。
   （ ）

37. 克服
   (1) 我国人民绝对不会克服任何侵略势力。
   (2) 你的论点前后矛盾，怎能克服别人。
   (3) 那位英勇的警员，终于把强盗克服了。
   (4) 我凭着坚强的意志，克服重重困难。（ ）

38. 收复
   (1) 我们完成工作后，便把工具收复好。
   (2) 对于他提出的要求，请尽快给他收复。
   (3) 岳飞的军队击退金兵，收复失去的土地。
   (4) 他说一是一，说二是二，决不收复。（ ）

39. 振作

(1) 他振作起精神，出色地完成了任务。

(2) 他虽然遇到危险，但还是保持振作。

(3) 老师告诉我们人的声带振作，便会发出声音。

(4) 他实在懒惰，不肯振作功课。　　　　　　　　　　（　）

40. 寂寞

(1) 同学们在寂寞的考场里，专心地应付考试。

(2) 夜深了，行人越来越少，百货市场便寂寞下来。

(3) 他的朋友很多，生活一点也不寂寞。

(4) 张华性格寂寞，很难与人相处。　　　　　　　　　（　）

（五）选词填充（8题8分）

根据短文的意思，把括号中最适当的词语圈出来。

我爸爸最爱书，他常说："知识就是力量，多读书，知识就会41.（①进展　②广大　③开朗　④丰富）。"

爸爸的书收拾得整整齐齐。一次，我从书架上抽出一本书，看了几页，就扔在一旁。爸爸见了，42.（①板着脸　②苦瓜脸　③碰钉子　④眼巴巴）说："谁翻我的书了？"我吞吞吐吐地43.（①诚实　②承认　③担当　④继承）了。从此爸爸给我定了一条44.（①规则　②条件　③理由　④计划）：看了书，一定要放会原位。

爸爸平时很少发脾气，可是谁45.（①破坏　②损伤　③损坏　④败坏）了他的书，那可不得了。记得有一次，我不小心，把一块油虾饼放在他的书上。不一会儿，书面上

107

满是油迹。爸爸见了46.（①反对 ②辩论 ③检讨 ④批评）我说："读书人，怎么能不爱护书呢？"

爸爸买书回来，便把封面用塑胶纸包好，所以他的书47.（①真是 ②倒是 ③总是 ④而是）那么整洁。

我看到爸爸就想起了书，看到了书就想起爸爸，书48.（①直接 ②似的 ③简洁 ④简直）成了他的命根子了。

（六）理解测验（7题7分）
　　根据短文的内容，选出最适当的答案，然后把代表它的数目字填写在括号里。

　　现在，每当有人问我：你妈妈的职业是什么？我准会自豪地说："我妈妈是清洁工人。"

　　以前我可不是这样。有一次，我的同学小丽突然问我："你妈妈做什么工作？"我心里一惊，反问她："你妈妈做什么工作？"她立刻骄傲地说："我妈妈是老师，你妈呢？"我迟疑了一下，说："那……你就别管了。"

　　回到家里，我闷闷不乐地看着妈妈。她个子不高，古铜色的脸，一双闪闪发亮的眼睛，眼角已经有深深的鱼尾纹了。这时，妈妈可能发现我在注视着她，亲切地问："小青，想什么呢？"我不高兴地说："妈，您为什么要当清洁工人？"妈妈听后，皱起眉头，说："真想不到你有这种想法，连你妈妈都瞧不起啦！""不，妈妈，不是我瞧不起您，我是说您的工作不好。"我连忙解释。

　　"我的工作不好？没我们工作，地方会变得多脏多乱？没有我们的工作，你和你的同学就会整天在垃圾中生活。我们的工作，是以一人脏换来万人干净啊！"

听了妈妈的话，我知道自己错了，有这样一位好妈妈，我还不该自豪吗？从此，谁问起我："你妈妈的职业是什么？"我都不迟疑地说："我妈妈是清洁工人。"

49. 小青不敢告诉小丽她妈妈是清洁工人，是因为
    (1) 她要小丽先回答她的问题。
    (2) 她不喜欢妈妈。
    (3) 她要过一会儿才告诉小丽。
    (4) 她觉得妈妈的工作让她没面子。   （   ）

50. 后来，小青怎样对待妈妈的工作？
    (1) 她为妈妈的工作而感到骄傲。
    (2) 她满意妈妈的态度。
    (3) 她同情妈妈。
    (4) 她了解妈妈的工作。   （   ）

51. 下面哪个句子可以看出小青妈妈的年龄？
    (1) 她古铜色的脸孔。
    (2) 她一双闪闪发亮的眼睛。
    (3) 她眼角已经有深深的鱼尾纹。
    (4) 她不高兴，便皱起眉头。   （   ）

52. 妈妈为什么指责小青？
    (1) 小青一直注视着她。
    (2) 小青要求妈妈放弃工作。
    (3) 小青追问妈妈为什么要当清洁工人。
    (4) 小青看不起她的工作。   （   ）

53. 清洁工人对社会有什么贡献?
   (1) 他们工作时间很长。
   (2) 他们使环境清洁。
   (3) 他们整天生活在垃圾中。
   (4) 他们的工作十分辛苦。　　　　　　　　　　　( )

54. 小青的妈妈有什么地方值得大家学习?
   (1) 她以一人脏换取万人干净。
   (2) 她把小青教养成人。
   (3) 她告诉小青许多道理。
   (4) 她亲切地跟小青说话。　　　　　　　　　　　( )

55. 哪些因素使小青改变了态度?
   (1) 她明白妈妈为了一家的生活。
   (2) 她知道妈妈已经尽力工作了。
   (3) 她明白妈妈其实很伟大。
   (4) 她不想在垃圾堆中成长。　　　　　　　　　　( )

(七) 填写汉字（5题10分）
　　根据括号中的汉语拼音，把句中所缺的字填写在横线上。

56. 你再检查一下，看有什么地方遗 _____（lòu）。

57. 婆婆不吃肉，她一向喜欢吃 _____（sù）。

58. 他们把甘 _____（zhè）制成糖。

59. 哥哥喜欢阅读巴金的 _____（zhù）作。

60. 爷爷 _____（dān）枪匹马到南洋来闯天下。

（八）词语配搭（5题5分）

从所提供的词语中，选出可以和下列各题搭配成短语的，然后把代表答案的数目字填写在括号内。

| (1) 消息 | (2) 同胞 | (3) 志气 | (4) 文盲 |
| (5) 品德 | (6) 数目 | (7) 资料 | (8) 文化 |

61. 平均（　　）　　　　62. 收集（　　）

63. 扫除（　　）　　　　64.（　　）灵通

65.（　　）兄弟

（九）完成句子（5题15分）

根据所提供的短语或短句，完成句子的意思。

66. 你整天无所事事，_____。

67. 这些东西根本不是你的，_____。

68. _____，我们一定顽强抵抗。

69. _____，感到十分欣慰。

70. _____，也不应该自满。

（十）短文填充（10题10分）

从所提供的词语中，选出短文所缺的词语，然后把代表答案的数字（1－15）填写在右边的括号内。

(1) 设计	(2) 猛烈	(3) 脱险
(4) 悄悄	(5) 慰问	(6) 慌乱
(7) 热烈	(8) 历史	(9) 烟雾
(10) 纷纷	(11) 计算	(12) 虽然
(13) 来源	(14) 自力更生	(15) 灵机一动

军用钢盔的（71），有一段有趣的故事。在第一次世界大战期间，德军突然向法军的一个阵地发动（72）的进攻。顿时，炮声隆隆，弹片乱飞，法军阵地被炸得（73）冲天，而随军的厨房也没有幸免。

这时在厨房值日的士兵正准备迎战，但是从上空（74）落下炮弹壳、石头，他怕头被击伤，（75）之中拿起一个炒菜锅盖在头上。战斗结束后，他（76）身上受伤，但头部却没受伤，成了这个阵地唯一幸存者。

一天，法国将军亚德里安来（77）这个伤员，知道了他的经历，便问他是怎样（78）的，他说，这要归功于炒菜的锅。将军拿起菜锅，

71. (　　)
72. (　　)
73. (　　)
74. (　　)
75. (　　)
76. (　　)
77. (　　)
78. (　　)

112

看了看，忽然（79），脑海里闪出了制造钢盔的主意。于是他指示工程师（80）出了现代的军用钢盔，并命名为"亚德里安头盔"。从此法军兵士头上，都戴上了这种钢盔了。

79.（　　）
80.（　　）

（十一）理解问答（5题15分）
　　根据短文的内容，回答问题。

　　王羲（xī）之和他儿子王献之都是中国古代著名的大书法家。

　　王羲之练字很勤奋，他走路和休息的时候，老是用手指在自己身上一横一竖地划着，研究字体。日子久了，他把衣服都划破了。他每天练了书法，都要到门前的池塘去洗笔砚（yàn）。日子久了，池塘里的水都变成黑的了。

　　王献之练字也像父亲一样专心。有一天，王献之正在练字，他父亲悄悄地走到他身后，猛地拔他手里的笔，没想到竟没有拔掉。原来王献之的注意力很集中，握笔握得很紧。

　　王献之练字练了几年，渐渐有些不耐烦了，就问他父亲："爸爸，练字有秘诀（jué）吗？"

　　王羲之听了儿子的话，没马上回答，只叫人去抬了十八个大缸来，缸里装满了水，然后对王献之说："你只要把这十八缸里的水全写完，就知道写字的秘诀在哪里了。"

　　王献之听了父亲的话，知道写字没什么秘诀，主要靠多练习。从此，他就白天黑夜地练习，终于练出了一手好字。

81. 王羲之怎样成为书法家？
   _____
   _____

82. 王羲之拔儿子手里的笔，目的是什么？
   _____
   _____

83. 试写出王羲之父子相似的地方？
   _____
   _____

84. 为什么王羲之要儿子写十八缸水？
   _____
   _____

85. 依你看要学好本领，必须具备什么条件？
   _____
   _____

答案

测验一

（一） 1. ③ 2. ① 3. ④ 4. ②
　　　 5. ② 6. ② 7. ① 8. ④
　　　 9. ③ 10. ②

（二） 11. (1) 12. (4) 13. (1) 14. (3)
　　　 15. (2) 16. (2) 17. (3) 18. (1)
　　　 19. (4) 20. (1)

（三） 21. (2) 22. (3) 23. (1) 24. (4)
　　　 25. (1) 26. (4) 27. (1) 28. (3)
　　　 29. (2) 30. (3)

（四） 31. (4) 32. (2) 33. (1) 34. (3)
　　　 35. (1) 36. (4) 37. (2) 38. (4)
　　　 39. (3) 40. (1)

（五） 41. ③ 42. ① 43. ④ 44. ④
　　　 45. ② 46. ③ 47. ② 48. ④

（六） 49. (1) 50. (3) 51. (4) 52. (2)
　　　 53. (1) 54. (4) 55. (3)

（七） 56. 轰 57. 抛 58. 牌 59. 漱
　　　 60. 判

（八） 61. (5) 62. (2) 63. (8) 64. (7)
　　　 65. (6)

（九）[供参考用]
　　　 66. 才能顺利完成工作
　　　 67. 不然我们是不会相信你的
　　　 68. 他考试成绩不理想
　　　 69. 他行为粗野
　　　 70. 哥哥结婚那天

（十） 71. (7) 72. (13) 73. (9) 74. (4)
　　　 75. (1) 76. (3) 77. (15) 78. (11)
　　　 79. (10) 80. (12)

（十一）81. 运动使他的身体结实，精神好。
　　　 82. 玛沙想到院子里打棒球，但是外面下过雨，地面又滑又湿，不能打球，所以没精打采。
　　　 83. 托儿斯泰跑得很轻，把孩子吸引住了，他们便模仿他的样子跑起来。
　　　 84. 他们跑步前无精打采，有些疲倦，跑步后，疲倦消失了，精神振作起来了。
　　　 85. 托儿斯泰年纪这么大，还能在双杠上表演出优美的动作。

测验二

（一） 1. ② 2. ④ 3. ① 4. ②
　　　 5. ③ 6. ③ 7. ① 8. ④
　　　 9. ② 10. ③

（二） 11. (2) 12. (3) 13. (4) 14. (1)
　　　 15. (2) 16. (1) 17. (3) 18. (1)
　　　 19. (4) 20. (2)

（三） 21. (1) 22. (3) 23. (2) 24. (4)
　　　 25. (1) 26. (2) 27. (4) 28. (3)
　　　 29. (2) 30. (1)

（四） 31. (2) 32. (4) 33. (1) 34. (2)
　　　 35. (4) 36. (1) 37. (3) 38. (1)
　　　 39. (2) 40. (3)

（五） 41. ③ 42. ① 43. ④ 44. ②
　　　 45. ① 46. ④ 47. ③ 48. ④

（六） 49. (4) 50. (1) 51. (3) 52. (2)
　　　 53. (3) 54. (2) 55. (4)

（七） 56. 稿 57. 毒 58. 幅 59. 潮
　　　 60. 棒

（八） 61. (2) 62. (1) 63. (8) 64. (6)
　　　 65. (7)

（九）[供参考用]
　　　 66. 国家政治安定
　　　 67. 水是宝贵的
　　　 68. 但是身手敏捷
　　　 69. 才相信这些谣言
　　　 70. 我也不勉强你

（十） 71. (9) 72. (7) 73. (11) 74. (13)
　　　 75. (14) 76. (10) 77. (1) 78. (15)
　　　 79. (4) 80. (5)

（十一）81. 以前的书是用竹片或木片制成的，有了纸后，用纸装订成的书，较轻便。
　　　 82. 最早的是油印、石印、铅印，一直发展到影印及静电复印。
　　　 83. 书上贴了不同香味的纸，孩子们一摸就会发出香味，可让孩子分辨各种水果的香味。
　　　 84. 它体积小，容量大。保存和使用方便，还可节省纸张和印刷费。
　　　 85. 他们把情报缩拍在一张只有几寸长的胶片上，让信鸽带回法国。

测验三

(一) 1. ② 2. ③ 3. ④ 4. ①
     5. ① 6. ① 7. ④ 8. ③
     9. ② 10. ①

(二) 11. (2) 12. (1) 13. (4) 14. (3)
     15. (3) 16. (3) 17. (4) 18. (2)
     19. (1) 20. (1)

(三) 21. (3) 22. (2) 23. (1) 24. (4)
     25. (1) 26. (2) 27. (4) 28. (1)
     29. (3) 30. (2)

(四) 31. (4) 32. (1) 33. (2) 34. (2)
     35. (4) 36. (1) 37. (3) 38. (4)
     39. (2) 40. (1)

(五) 41. ③ 42. ① 43. ③ 44. ①
     45. ② 46. ③ 47. ④ 48. ①

(六) 49. (4) 50. (1) 51. (3) 52. (4)
     53. (2) 54. (1) 55. (3)

(七) 56. 填 57. 毕 58. 钓 59. 喉
     60. 册

(八) 61. (2) 62. (5) 63. (8) 64. (7)
     65. (6)

(九) [供参考用]
     66. 这是个千载难逢的好机会
     67. 我们所花费的金钱
     68. 所以才会生病
     69. 反而变得更坚强
     70. 就别随便下判断

(十) 71. (7) 72. (9) 73. (11) 74. (10)
     75. (14) 76. (1) 77. (8) 78. (12)
     79. (13) 80. (2)

(十一) 81. 它从体内喷出一团黑色的浓液，把敌害团团围住，然后溜走。
      82. 他们的运输舰在大西洋被德军击沉，他们只好靠小木筏在海上漂流。
      83. 乌贼攻击人和船只的事，经常发生，那些在海上漂流的水兵，就被乌贼攻击，有个士兵的腿被扯去了好多块像银币大小的肉皮。
      84. 乌贼常在水面跳跃，并滑行一段路程，有时它落到甲板上而把船打沉了。
      85. 人们把它当食物，并制成药物。

测验四

(一) 1. ④ 2. ① 3. ② 4. ③
     5. ③ 6. ② 7. ④ 8. ④
     9. ① 10. ①

(二) 11. (2) 12. (4) 13. (1) 14. (3)
     15. (2) 16. (4) 17. (4) 18. (1)
     19. (3) 20. (2)

(三) 21. (3) 22. (2) 23. (1) 24. (2)
     25. (1) 26. (2) 27. (4) 28. (2)
     29. (2) 30. (1)

(四) 31. (2) 32. (4) 33. (1) 34. (4)
     35. (4) 36. (2) 37. (2) 38. (4)
     39. (2) 40. (3)

(五) 41. ③ 42. ④ 43. ① 44. ②
     45. ② 46. ③ 47. ④ 48. ①

(六) 49. (2) 50. (4) 51. (3) 52. (1)
     53. (2) 54. (2) 55. (4)

(七) 56. 衔 57. 扔 58. 帐 59. 善
     60. 睦

(八) 61. (6) 62. (7) 63. (1) 64. (8)
     65. (3)

(九) [供参考用]
     66. 这些课外读物太深了
     67. 爸爸要带我到日本旅行
     68. 我自己的事自己做
     69. 必能平息这场风波
     70. 还要注意身体健康

(十) 71. (9) 72. (7) 73. (1) 74. (5)
     75. (10) 76. (11) 77. (8) 78. (13)
     79. (14) 80. (3)

(十一) 81. 医生替她动手术割除盲肠。
      82. 她生日那天住在医院，不能和家人庆祝。
      83. 他们去带了花去探望作者，并准备了生日蛋糕，一起为她庆祝生日。
      84. 作者听同学唱生日歌，脸上露出了笑容。
      85. 表达了同学们之间能互相关怀，及他们之间珍贵的友谊。

测验五

（一） 1. ②　2. ③　3. ③　4. ①
　　　 5. ④　6. ②　7. ④　8. ②
　　　 9. ①　10. ③

（二） 11. (2)　12. (3)　13. (4)　14. (2)
　　　 15. (1)　16. (4)　17. (1)　18. (3)
　　　 19. (4)　20. (3)

（三） 21. (2)　22. (1)　23. (4)　24. (3)
　　　 25. (2)　26. (1)　27. (2)　28. (4)
　　　 29. (3)　30. (3)

（四） 31. (4)　32. (1)　33. (2)　34. (3)
　　　 35. (1)　36. (4)　37. (3)　38. (1)
　　　 39. (4)　40. (2)

（五） 41. ①　42. ④　43. ③　44. ②
　　　 45. ②　46. ①　47. ①　48. ④

（六） 49. (4)　50. (1)　51. (2)　52. (3)
　　　 53. (1)　54. (4)　55. (2)

（七） 56. 产　57. 淋　58. 炎　59. 钮
　　　 60. 削

（八） 61. (7)　62. (5)　63. (4)　64. (8)
　　　 65. (1)

（九）[供参考用]
　　　 66. 我们花费了许多精力
　　　 67. 我的心情特别开朗
　　　 68. 我也不灰心
　　　 69. 你没把话说清楚
　　　 70. 无论别人给我多少好处

（十） 71. (4)　72. (9)　73. (14)　74. (6)
　　　 75. (12)　76. (2)　77. (8)　78. (13)
　　　 79. (15)　80. (11)

（十一）81. 这是吴总理在1992年建议成立的，同年十二月，共有四所儿童图书馆成立。
　　　 82. 它从最初的四千名会员，发展到三万五千名，由四所儿童图书馆，发展成三十多所。
　　　 83. 他们为会员主办许多有趣的活动，例如故事欣赏、报告读书心得以及开办儿童演讲及话剧班。
　　　 84. 这是要儿童有机会接触电脑，让他们尽早预备新资讯科技的到来。
　　　 85. 让孩子有更多新书借阅，并且节省成本。

测验六

（一） 1. ③　2. ①　3. ①　4. ④
　　　 5. ②　6. ①　7. ④　8. ②
　　　 9. ①　10. ③

（二） 11. (2)　12. (1)　13. (4)　14. (3)
　　　 15. (3)　16. (4)　17. (1)　18. (2)
　　　 19. (3)　20. (2)

（三） 21. (2)　22. (4)　23. (1)　24. (3)
　　　 25. (2)　26. (1)　27. (2)　28. (4)
　　　 29. (3)　30. (2)

（四） 31. (3)　32. (1)　33. (2)　34. (4)
　　　 35. (3)　36. (1)　37. (2)　38. (3)
　　　 39. (2)　40. (2)

（五） 41. ②　42. ②　43. ①　44. ③
　　　 45. ①　46. ②　47. ④　48. ③

（六） 49. (3)　50. (1)　51. (4)　52. (2)
　　　 53. (1)　54. (2)　55. (3)

（七） 56. 赌　57. 宴　58. 邀　59. 则
　　　 60. 闭

（八） 61. (1)　62. (7)　63. (6)　64. (8)
　　　 65. (3)

（九）[供参考用]
　　　 66. 他不断地进修
　　　 67. 身体十分虚弱
　　　 68. 肯定十分有效
　　　 69. 他不肯读课外书
　　　 70. 我解释了很多次

（十） 71. (13)　72. (6)　73. (12)　74. (4)
　　　 75. (15)　76. (8)　77. (1)　78. (5)
　　　 79. (10)　80. (11)

（十一）81. 他们捐款并围起一个地方打算建教堂。
　　　 82. 他一贯的建筑风格带有东方情调，但这座教堂，却富有英国的风格。
　　　 83. 教堂在一八四五年和一八四九年两次遭雷击，人们担心它会倒塌，便在一八五二年关闭。
　　　 84. 人们担心教堂地基不够牢固，不能支撑钟楼的重量，所以没有钟楼。
　　　 85. 这教堂朴素坚固，建筑手艺精致，教堂的廊柱，全以壳灰和蛋白及粗糖拌搅衔接而成的。

117

测验七

(一) 1. ② 2. ④ 3. ② 4. ①
5. ④ 6. ③ 7. ① 8. ④
9. ① 10. ②

(二) 11. (4) 12. (1) 13. (3) 14. (2)
15. (2) 16. (2) 17. (3) 18. (1)
19. (4) 20. (3)

(三) 21. (3) 22. (1) 23. (4) 24. (2)
25. (1) 26. (2) 27. (1) 28. (4)
29. (3) 30. (1)

(四) 31. (1) 32. (4) 33. (3) 34. (2)
35. (2) 36. (4) 37. (1) 38. (4)
39. (3) 40. (1)

(五) 41. ② 42. ① 43. ④ 44. ②
45. ② 46. ① 47. ③ 48. ②

(六) 49. (3) 50. (1) 51. (4) 52. (4)
53. (2) 54. (1) 55. (2)

(七) 56. 央 57. 距 58. 辈 59. 供
60. 捐

(八) 61. (6) 62. (5) 63. (8) 64. (3)
65. (7)

(九) [供参考用]
66. 他不但品行好
67. 与其向困难屈服
68. 但是从来没发生争吵
69. 应该申请加入成为图书馆的会员
70. 就不会犯错了。

(十) 71. (7) 72. (14) 73. (8) 74. (4)
75. (15) 76. (6) 77. (5) 78. (10)
79. (3) 80. (2)

(十一) 81. 太阳会发光，会发热，会影响我们的生活。
82. 同意。因为没有太阳植物不能生长，也不会有动物，人类也没东西吃了。
83. 必须要有太阳晒地球上有水的地方，然后水变成水汽飘到天上，遇冷便落下来。
84. 因为有些地方冷，有些地方热。空气有冷有热，才能流动，便成为风。
85. 没有。因为太阳能发热，而且温度照射到地球时刚刚好，因此，没有别的东西能取代它。
（或任何合理的答案）

测验八

(一) 1. ① 2. ④ 3. ② 4. ②
5. ③ 6. ② 7. ④ 8. ①
9. ① 10. ③

(二) 11. (4) 12. (1) 13. (3) 14. (2)
15. (1) 16. (2) 17. (4) 18. (1)
19. (3) 20. (2)

(三) 21. (3) 22. (4) 23. (1) 24. (2)
25. (1) 26. (4) 27. (4) 28. (2)
29. (2) 30. (1)

(四) 31. (3) 32. (4) 33. (1) 34. (2)
35. (4) 36. (2) 37. (4) 38. (2)
39. (1) 40. (3)

(五) 41. ④ 42. ① 43. ② 44. ①
45. ④ 46. ② 47. ③ 48. ①

(六) 49. (4) 50. (1) 51. (3) 52. (4)
53. (2) 54. (1) 55. (3)

(七) 56. 漏 57. 素 58. 蔗 59. 著
60. 单

(八) 61. (6) 62. (7) 63. (4) 64. (1)
65. (2)

(九) [供参考用]
66. 浪费了宝贵的时间
67. 你不可以占为己有
68. 当敌人入侵时
69. 妈妈看到孩子长大成人
70. 即使考得好成绩

(十) 71. (13) 72. (2) 73. (9) 74. (10)
75. (6) 76. (12) 77. (5) 78. (3)
79. (15) 80. (1)

(十一) 81. 他勤奋练字，走路和休息的时候，还在自己身上一横一竖地划着。
82. 他要看看儿子是否专心写字，笔握得紧不紧。
83. 他们都是书法家，都是靠苦练成功的。
84. 他要儿子明白写字没什么秘诀，主要靠练习。
85. 要下决心去学，学后要练习，并得到名师指导。
（或任何合理的答案）